Peter Eisenberg

Deutsche Orthografie

Regelwerk und Kommentar

Verfasst im Auftrag der Deutschen Akademie
für Sprache und Dichtung

DE GRUYTER

ISBN 978-3-11-052285-3
e-ISBN (PDF) 978-3-11-052522-9
e-ISBN (EPUB) 978-3-11-052294-5

Library of Congress Cataloging-in-Publication Data
A CIP catalog record for this book has been applied for at the Library of Congress.

Bibliografische Information der Deutschen Nationalbibliothek
Die Deutsche Nationalbibliothek verzeichnet diese Publikation in der Deutschen Nationalbibliografie; detaillierte bibliografische Daten sind im Internet über http://dnb.dnb.de abrufbar.

Satz: Johanna Boy, Brennberg
Druck: CPI books GmbH, Leck
♾ Gedruckt auf säurefreiem Papier
Printed in Germany

www.degruyter.com

Vorwort

Mit Kopfrechnen, Auswendiglernen, handschriftlich korrektem Schreiben und Lesen längerer Texte als basalen Kulturtechniken ist es heute nicht mehr getan. Sie bilden nur die eine Säule einer ganzheitlichen kognitiven Entwicklung, die andere ruht auf dem Umgang mit neuen Medien und dem Erlernen des Englischen. Dass Fähigkeiten zum Umgang mit digitalen Virtualitäten für eine zukunftstaugliche Bildung ausreichen, stellt sich ebenfalls mehr und mehr als einseitig interessengeleiteter, folgenreicher Irrtum heraus. Der vorliegende Text versteht sich als eine Werbung für Rechtschreiben und Rechtschreibunterricht, indem er versucht, die Orthografie als Teil unserer Sprache mit ihren beeindruckenden Regelmäßigkeiten, in ihrer Sinnhaftigkeit, Fundiertheit und Zugänglichkeit darzustellen. Die Orthografie des Deutschen steht uns nicht feindlich als starrer Block von Normen gegenüber, sondern als ein Gebilde, das mit weit offenen Türen zum Betreten seiner Domänen einlädt.

Für unsere Orthografie war 2016 ein Jahr der Jubiläen und Gedenktage. Zwanzig Jahre Neuregelung von 1996, zehn Jahre Teilrückbau von 2006, ein Dutzend Jahre Arbeit des Rats für deutsche Rechtschreibung und Beginn seiner dritten Amtszeit fallen zusammen. Zu feiern gab es wenig, aber immerhin ist nach langer Stille wieder eine gewisse öffentliche Aufmerksamkeit vorhanden.

Was wir lesen und hören, zeugt fast durchweg von Resignation. Bisher ist es nicht gelungen, die allgemeine Verunsicherung zu beseitigen, den Orthografieunterricht auf den alten Umfang und die alte Stringenz zu bringen, die Rechtschreibfähigkeiten der jungen Generation wenigstens zu stabilisieren, die Zahl der Rechtschreibfehler in allen Schulstufen wenigstens dem vorreformatorischen Niveau auch nur annähernd anzugleichen und – letztlich allem anderen voran – einen gesellschaftlichen Konsens darüber zu erzielen, dass es sich lohnt, einheitliche und dem Deutschen angemessene Schreibweisen überhaupt anzustreben.

Als im Jahr 2004 die bis dahin verantwortliche Rechtschreibkommission entlassen, der Rat für deutsche Rechtschreibung eingerichtet und beauftragt wurde, einige der misslungensten Teile des amtlichen Regewerks zu bearbeiten und künftige Änderungen am Schreibgebrauch und nicht am Gusto von Kommissionen auszurichten, bestand die Chance für einen fundierten Rechtschreibfrieden. Sie wurde vertan, weil der Rat sich weigerte, nach den ersten Schritten das Regelwerk in seinen wesentlichen Teilen neu zu formulieren. Bei all dem geht es nicht um eine weitere Reform der Reform, sondern um eine Reformulierung der Regeln. Denn mit dem amtlichen Text ist auch in der Praxis wenig anzufangen. Der Duden druckt ihn gar nicht mehr ab, kaum ein Lehrer versucht sich an ihm

DOI 10.1515/9783110525229-202

zu orientieren. Didaktiker meiden ihn, Auslegungen und angeblich authentische Popularisierungen haben Konjunktur.

Zwar wurden im Auftrag des Rates viele Daten erhoben, nur standen dabei die Inhalte der Neuregelung weit im Vordergrund. Es ging der Mehrheit des Gremiums vor allem um eine nachträgliche Legitimierung. In den vergangenen zehn Jahren ist viel geredet und noch mehr geschrieben worden, geändert wurde so gut wie nichts. Einige Einzelheiten dazu finden sich in Abschnitt 1.2 des vorliegenden Textes.

Die Textsorte Regelwerk hat Tücken, das ist dem Autor aus jahrelanger Erfahrung bewusst. Umso dankbarer bin ich den Professorinnen und Orthografieassen Ursula Bredel, Nanna Fuhrhop und Beatrice Primus für Kommentierung großer Teile des Manuskripts. Umso wichtiger ist allerdings auch die – meist routinierte – Feststellung, dass Fehler wie Irrtümer dem Autor zuzurechnen sind.

Die deutsche Akademie für Sprache und Dichtung hat sich mit ihrem Kompromissvorschlag aus dem Jahr von 2003 jeder Art von reiner Lehre verweigert. Weder wird die alte Orthografie mystifiziert noch wird die neue schöngeredet. Auch wenn wir alle der Meinung sind, die Neuregelung hätte nicht stattfinden dürfen, ist der Kompromiss von 2006 von hohem Wert und die einzige substantielle Verbesserung der sog. Orthografiereform. Die Akademie ist bei dieser Auffassung geblieben, was nicht immer einfach war. Ich bin ihr zu höchstem Dank verpflichtet, ihrer Sprachkommission ebenso wie dem Präsidium und der Mitgliederversammlung. Gerade weil auch innerhalb der Akademie dezidiert unterschiedliche Auffassungen über den Umgang mit der Neuregelung bestehen, ist der Schulterschluss so wichtig.

Ein ganz äußerlicher Anlass für die Neuformulierung des Regelwerks soll nicht verschwiegen werden. Nach Liquidierung der verlegerischen Tätigkeit von Brockhaus/Wahrig fielen die Autorenrechte an der Publikation ‚Grundfragen der deutschen Rechtschreibung' an mich zurück. Berücksichtigt wurden auch Texte, die der Autor für den Rat geschrieben hat, dieser aber nicht verwenden wollte. De Gruyter war sofort bereit, eine Neuausgabe zu publizieren. Betreuung und Kooperation waren vorbildlich, der Autor bedankt sich in aller Form.

Berlin, im Januar 2017 Peter Eisenberg

Inhalt

1 Regel, Regelwerk, Wortschatz

1.1 Orthografische Regeln

Schreiben und Lesen

Das Deutsche verfügt über einen Wortschatz von Hunderttausenden wenn nicht Millionen Wörtern, die nicht einmal das umfangsreichste orthografische Wörterbuch alle enthält. Das ist auch gar nicht nötig, denn wenn jemand eine gewisse Menge an Wörtern richtig schreiben und lesen kann, dann dient ihm das als Grundlage für das Schreiben und Verstehen einer viel größeren Zahl von ihnen. Er kennt dann nämlich die Regelmäßigkeiten, nach denen wir schreiben, und er kennt die Wortbestandteile, aus denen komplexe Wörter aufgebaut sind. Unbekannte Wörter können geschrieben und gelesen werden, weil sie Bestandteile enthalten und nach Regelmäßigkeiten gebaut sind, die man als Benutzer der Sprache beherrscht. Bei allen Unterschieden kann man sagen, dass die Orthografie wie die Aussprache oder die Syntax als Teil eines Systems erworben wird. Aus dem, was geschrieben und gelesen wird, bilden die Schreiber ein internes, implizites Wissen über Regelmäßigkeiten der Schreibung heraus (Sprachwissenschaftler sprechen gern von ‚Regularitäten'), auf dessen Grundlage Verallgemeinerungen möglich sind. Mit implizit ist gemeint: Die Schreiber können irgendwann schreiben und folgen den Regelmäßigkeiten, können diese aber nicht in Sprache fassen. Das müssen sie auch nicht. Kein Normalsprecher kann ja etwa die Regelmäßigkeiten der Pluralbildung beim Substantiv hersagen, auch wenn er alle Plurale richtig bildet.

Trotzdem kann es aus unterschiedlichen Gründen zu Schreibunsicherheiten kommen. Der Orthografieerwerb findet vergleichsweise spät statt, und er ist gesteuert. Schreibvarietäten, die etwa einer Umgangslautung, dialektalen oder soziolektalen Färbung vergleichbar wären, gibt es nicht. Die orthografische Norm ist eindeutig und für alle dieselbe. Zwar gibt es Varianten, sie haben aber einen anderen Status als im Gesprochenen. Vieles hängt von der Art der Steuerung des Erwerbs ab, von der Progression und immer wieder vom verwendeten Sprachmaterial. Lehrer müssen wissen, in welchen Erwerbsstadien welches Material zu verwenden ist und – genauso wichtig – welches nicht. Hier liegt eine zentrale Aufgabe der Schreib- und Lesedidaktik. Ihr Erfolg hängt wesentlich davon ab, dass Lehrer die Orthografie nicht nur selbst beherrschen, sondern auch die Schreibregularitäten kennen. Denn nur dann verstehen sie, warum Kinder bestimmte Fehler machen und warum welches Material im Unterricht angemessen ist.

Wie überall gibt es auch beim Orthografieerwerb Kompensationsstrategien, etwa das Memorieren großer Mengen von Einzelfällen. Wird es richtig ins Werk

DOI 10.1515/9783110525229-001

gesetzt, etwa als Trainieren wichtiger, häufig gebrauchter Wörter, kann es bis zu einem gewissen Punkt erfolgreich sein. Irgendwann wird auch das beste Gedächtnis an Grenzen stoßen und der größte Teil des Wortschatzes bleibt dem Schreiber verschlossen.

Jeder von uns hat schon erlebt, dass es genügen kann, bei Unsicherheiten die infrage kommenden Formen hinzuschreiben und das Auge entscheiden zu lassen, welche die richtige sei. Wir wissen nicht warum, aber das Auge sagt uns, wie zu schreiben ist. Es gibt keine schönere Bestätigung für die These, die Orthografie sei für das Auge gemacht. Eine Kehrseite sind Unsicherheiten aus dem Schreibkontext heraus. Jemand liest etwa Formen wie *knallt, krallt* und fragt sich plötzlich, warum *kalt, halt* mit nur einem *l* geschrieben werden. Oder er sieht *Lohn, Sohn* und fragt sich, warum *Ton, Fron* korrekt sein können. Er weiß vielleicht, dass man schreibt *im Allgemeinen*, aber was kann daraus geschlossen werden in Hinsicht auf *im wesentlichen, aufs äußerste, von neuem, ohne weiteres, seit langem*? Und warum schreibt man *Nation* und *Sozialismus*, nicht aber *Nazion* und *Sotialismus*, wo doch sowohl *Existenzialismus* als auch *Existentialismus* geschrieben werden kann?

Ein Rechtschreibwörterbuch gibt über solche Schreibungen Auskunft, nicht jedoch über ihre Begründung. Aber die Benutzung eines Rechtschreibwörterbuchs ist alles andere als ein mechanisch ablaufender Prozess, der mechanisch zum Erfolg führt. Zwar ist die alphabetische Ordnung von Buchstaben für unser Alltagsverständnis eine äußerliche Ordnung, die man sich einprägt, um das Wörterbuch zu verwenden. Fragen und Zweifel erstrecken sich aber in den meisten Fällen auf einzelne Eigenschaften geschriebener Formen, wie gerade demonstriert. Was man, um das zu realisieren, schon wissen muss, ist erheblich mehr und setzt eine gewisse Vertrautheit mit dem System voraus. Ist sie nicht vorhanden, kann kaum erfolgreich gesucht werden. Darüber hinaus sind unsere neueren Wörterbücher dazu übergegangen, in zahlreichen Fällen auf den Regelhintergrund hinzuweisen und Regelformulierungen der einen oder andern Art als Vorspann oder Anhang gleich mitzuliefern. Am prinzipiellen Unterschied zwischen den beiden Zugängen zur Orthografie ändert das nichts.

Regeln

Die wichtigste Eigenschaft einer Rechtschreibregel ist, dass sie Eigenschaften geschriebener Formen verallgemeinert. Sie gilt für große oder sehr große Mengen von Formen und teilt auch mit, welche das sind. Eine Regel hat einen Geltungsbereich, man spricht von ihrer Domäne. Wie sie formuliert ist, liegt nicht von vornherein fest. Es kann beispielsweise sein, dass eine Formulierung die Regeldomäne nicht ganz ausschöpft, dafür aber einfach ist und immerhin die wichtigsten Fälle erreicht. Aus dem Grad der Verallgemeinerung ergibt sich in vielen Fällen auch ein Ansatz zur Deutung im Sinne von Begründung für die Existenz einer Regel. Immer wieder werden wir beispielsweise sehen, dass eine orthografische Regel dazu dient, eine auf das Ohr zugerichtete gesprochene Form sozusagen auf Augentauglichkeit zu transformieren.

Ein weitgehend neutraler Regelbegriff zur Beschreibung sprachlichen Verhaltens expliziert ‚Regel' als Bestandsaufnahme von Regelmäßigkeiten beobachteter Sachverhalte, in unserem Fall von Regelmäßigkeiten des Baus gesprochener und geschriebener sprachlicher Einheiten. Von größtem Interesse sind dann natürlich Regelmäßigkeiten, die das Verhältnis der beiden Seiten betreffen, eben des Gesprochenen und des Geschriebenen.

Wie eine orthografische Regel formuliert wird, hängt auch davon ab, wie die Beschreibung von Regelmäßigkeiten aussieht, welche Begriffe verwendet werden und welche Daten der Analyse zugrunde liegen. Das ist genau so, wie wir es von Grammatiken kennen. Wie beispielsweise das Pluralssystem der Substantive, der Komparativ der Adjektive, der Konjunktiv, das Passiv usw. beschrieben wird, unterscheidet sich von Grammatik zu Grammatik teilweise erheblich. Und im Regelwerk von Kapitel 3 geht es ja gerade darum, Regeln teilweise anders zu formulieren, als sie im amtlichen Regelwerk (Rat Hg. 2006) stehen. Unterschiede finden sich in allen Teilen des Regelwerks. Wir illustrieren das Problem an den Abschnitten 3.1 und 3.4.

Abschnitt 3.1 hat die Überschrift ‚Buchstabenschreibung', der entsprechende Abschnitt im amtlichen Regelwerk steht unter der Überschrift ‚Laut-Buchstaben-Zuordnungen'. Dort wird angenommen, die Beziehungen zwischen der lautlichen Seite von Wörtern und ihrer geschriebenen Seite seien über Zuordnungen von Lauten zu Buchstaben zu erfassen. Eine Regel lautet etwa (Rat Hg. 2006: 20): „Folgt im Wortstamm auf einen kurzen Vokal nur ein einzelner Konsonant, so kennzeichnet man die Kürze des Vokals durch Verdoppelung des Konsonantbuchstabens.", wie in *Ebbe, Paddel, schlaff, Affe*. Die entsprechende Regel in 3.1. (R13) lautet: „Steht in einer Langform zwischen einem betonten kurzen und einem unbetonten Vokal ein einzelner Konsonant, dann wird der entsprechende Konsonantbuchstabe verdoppelt."

Der wichtigste Unterschied liegt bei Verwendung des Begriffs Langform, womit hier ein Zweisilber aus betonter und unbetonter Silbe gemeint ist, wie in der besprochenen Form von *Ebbe, Paddel, Affe*, aber nicht von *schlaff*. Diese Form wird von unserer Regel nicht direkt erfasst, sondern indirekt über Bezug auf einen Zweisilber (eine Langform) wie *schlaffes*. Die Übertragung vom Zweisilber auf den Einsilber erfolgt über das sog. morphologische Prinzip, das dazu dient, die Bestandteile geschriebener Wörter möglichst immer gleich zu schreiben und damit ihre Wiedererkennung zu erleichtern. Die Buchstabenschreibung hat also drei Typen von Regeln. Neben der Zuordnung von Buchstaben zu Lauten gibt es silbische und morphologische Bedingungen. Man spricht auch vom phonografischen, silbischen und morphologischen Prinzip der Buchstabenschreibung. Weitere Beispiele und Erläuterungen in Abschnitt 2.1.

Die drei Prinzipien entfalten ihre Wirkung ganz unterschiedlichen Bereichen der Orthografie. Ihre Fruchtbarkeit beruht auch darauf, dass mit diesen Begriffen gleichzeitig sehr allgemeine Prinzipien der historischen Entwicklung von Alphabetschriften aufgegriffen werden. Danach steht am Anfang einer solchen Entwicklung meist eine mehr oder weniger ununterbrochene Buchstabenreihe, wie sie für das Deutsche näherungsweise bei der Schreibung mit der karolingischen Minuskel vorlag. Je weiter die Entwicklung fortschreitet, desto stärker wird diese Scriptio continua gegliedert, durch Wortabstände, durch Interpunktionszeichen usw., und wortintern eben durch die Silbe und durch die morphologischen Bestandteile, die Morpheme. Wer so verfährt, gelangt zu anderen Formulierungen bei seinen Regeln als jemand, der die Gliederung von Wörtern in Silben nicht berücksichtigt.

Im Abschnitt 3.4 geht es um die Groß- und Kleinschreibung. Im amtlichen Regelwerk (Rat Hg. 2006: 56) heißt es dazu: „Die Abgrenzung der Groß- und Kleinschreibung, wie sie sich in der Tradition der deutschen Orthografie herausgebildet hat, macht es erforderlich, neben den Regeln für die Großschreibung auch Regeln für die Kleinschreibung zu formulieren." Unser Abschnitt 3.4 beginnt dagegen mit dem Satz „Die Wortformen eines laufenden Textes bestehen im Allgemeinen aus Kleinbuchstaben und beginnen auch mit einem Kleinbuchstaben. Nur in bestimmten, genau geregelten Fällen beginnt eine Wortform mit einem Großbuchstaben." Der ganze Abschnitt konzentriert sich also auf das Vorkommen von Großbuchstaben und folgt damit einem sehr allgemeinen Prinzip zur Erfassung sprachlicher Regelmäßigkeiten (weiter 2.4, 3.4). Beide Beispiele zeigen, dass es erhebliche Unterschiede bei der Formulierung von orthografischen Regeln geben kann, die bei denselben Schreibungen enden. Das ist sehr wichtig. In Abschnitt 2.2 wird etwas näher begründet, warum unser Regelwerk keine andere Orthografie als das amtliche anstrebt, wohl aber andere Regelformulierungen.

Über Ausnahmen

Geht es nicht lediglich um eine Bestandsaufnahme von Regelmäßigkeiten, sondern auch um eine Beeinflussung des Sprachverhaltens, hat man es mit normativen Regeln zu tun. Das bedeutet aber nicht, Regeln unbedingt als Vorschriften zu formulieren. Eine Regel wie ‚Substantive werden großgeschrieben' kommt als Beschreibung eines Sachverhalts daher, ist aber als Anweisung zu verstehen.

Ganz allgemein stellt sich natürlich die Frage, wie man von deskriptiven zu normativen Regeln gelangt. Sie ist gerade für die Orthografie von entscheidender Bedeutung und verlangt zunächst eine Erläuterung zum Begriff ‚Ausnahme von einer Regel', der ja in der Orthografie hochpräsent ist.

Weisheiten wie ‚Keine Regel ohne Ausnahme' oder ‚Ausnahmen bestätigen die Regel' können nicht falsch sein, führen aber auch nicht viel weiter. Es geht ja nicht um Toleranz oder Liberalität im Umgang mit Regeln, sondern immer wieder um die Frage, wie weit man mit Regeln kommen kann, wo die Grenzen von Regelmäßigkeiten erreicht sind. Sieht man die Schreibung *Eltern* als Ausnahme an, dann ist man einer historischen Sichtweise gefolgt. Das Wort ist aus dem Komparativ zu *alt* entstanden. Ein Herkunftswörterbuch (Duden 2013a) schreibt dazu „Die Schreibung mit E- blieb erhalten, weil der Begriff ‚alt' gegenüber der Vorstellung ‚Vater und Mutter' verblasste." Mit der normativen Erzwingung von *die Ältern* würden wir keine Ausnahme beseitigen, sondern eine Regelmäßigkeit missachten.

Ein anderer Typ von Ausnahme betrifft sog. Subregeln. Wir schreiben *Kasse*, aber nicht *Laschsche*, obwohl lautlich ganz ähnliche Strukturen vorliegen. Ein sog. Mehrgraf wie *sch* wird nicht verdoppelt, auch wenn er sich auf einen Einzellaut bezieht. Das ist keine Ausnahme, sondern eine Subregel. Sie begrenzt die Reichweite der Regel zur Verdoppelung von Konsonantbuchstaben und wird höchst systematisch angewandt. Es kommt dann vor allem darauf an, die Gründe für eine solche Subregel zu erfassen. In einem Regelwerk, das einen größeren Kreis von Benutzern anspricht, kann und darf man aber nicht zu sehr in Einzelheiten gehen, die nach Jahren intensiver Forschung heute bekannt sind.

Eine weitere Möglichkeit, Ausnahmen in ein Regelwerk zu integrieren, ist folgende. Die Wirkung einer Regel kann man sich als gerichtet vorstellen: Es gibt einen Regelinput, in dem die Bedingungen für ihre Anwendung beachtet sind, und es gibt einen Output, an dem deutlich ist, was die Regel bewirkt. Es fällt nun auf, dass viele Schreibungen einem Regeloutput entsprechen, ohne dass es einen entsprechenden Input gibt. Beispielsweise schreiben wir *hübsch, ob, ab*, obwohl diese Wörter im Gesprochenen kein [b], sondern ein [p] enthalten. Ihre Schreibung könnte es durchaus geben, läge Auslautverhärtung vor (3.1). Das ist nicht der Fall. Trotzdem sind die Schreibungen nicht einfach irregulär, sondern sie überdehnen die Domäne der entsprechenden Regel. Wir wollen versuchsweise von einem Regelüberschuss sprechen. Ein Regelüberschuss kann sprachhistorisch bedingt sein, aber auch auf andere Weise zustande kommen. Möglicherweise lohnt es sich, einen solchen Begriff weiter zu verfolgen.

Jedenfalls werden wir mit dem Begriff Ausnahme vorsichtig umgehen. Es ist in mehrerer Hinsicht kontraproduktiv, wenn man den Gesamtbestand an Wortschreibungen einfach in regelhafte und irreguläre oder eben Ausnahmen aufteilt.

Man bestätigt damit nur das Vorurteil, die Orthografie sei willkürlich oder beliebig und man müsse ihr auf die Sprünge helfen.

Regel, Norm und Schreibgebrauch

Nun zum Verhältnis von Norm und Deskription. Für das Deutsche gibt es eine orthografische Norm. Sie ist im amtlichen Regelwerk von 2006 niedergelegt und wird in Rechtschreibwörterbüchern (Brockhaus/Wahrig 2011, Duden 2013) umgesetzt. Im Idealfall sollte sich, so könnte man vermuten, jeder Eintrag im Wörterbuch aus dem Regelwerk ableiten lassen. Das ist jedoch nicht nur nicht der Fall, sondern es ist auch theoretisch ausgeschlossen. Unsere Orthografie ist so gebaut, dass sie niemals vollständig in Regeln zu fassen ist, schon gar nicht in solche eines Regelwerks, das Einfachheit und Übersichtlichkeit anstrebt (1.2, 1.3). Wir brauchen immer beides, Regelwerk wie Wörterbuch, man spricht von der doppelten Kodifikation der Orthografie.

Für das Deutsche wird, anders als etwa für das Französische, ausdrücklich der Anspruch erhoben, die Orthografie habe sich am allgemeinen Schreibgebrauch zu orientieren und ihm zu folgen. Diesen kann man heute in den verfügbaren elektronischen Korpora recht genau erheben und in seinen Veränderungen beobachten. Das wird auch gemacht. Es lässt sich aber schwer Einigkeit darüber erzielen, welche Veränderungen im Schreibgebrauch es verdienen, im Kodex berücksichtigt zu werden und welche nicht. Dahinter erhebt sich ein Problem, das die Kodifizierung unserer Orthografie seit Jahrhunderten begleitet. Wir verdeutlichen es mit einigen Hinweisen auf die vollkommen unterschiedlichen Konzepte, wie sie von dem Schriftsteller Friedrich Gottlieb Klopstock und dem Grammatiker Johann Christoph Adelung vertreten wurden.

Klopstock beginnt seine Schrift ‚Ueber di deůtsche Rechtschreibung' (1778) mit dem Satz, „Deůtschland gestet, durch die algemeine Rechtschreibung, gewissen Gegenden di richtige Aussprache zu." Seine Regeln sind Anweisungen dafür, wie einzelne Buchstaben und Buchstabengruppen nach der Aussprache zu verwenden sind. So gilt ihm das tz als ůberflůssig und pf erscheint „nu̲r im Anfange der Silbe, und wen es si na̲ch einem Mitlaute endet." Davon, dass es eine richtige Aussprache gibt, ist Klopstock überzeugt. Sein Konzept verabsolutiert die Idee einer Alphabetschrift: Vernünftigerweise müssen alle Schreibungen lautbezogen sein, alles andere kommt nicht in Frage. Sein Bild von einer guten Orthografie bestimmt, was in den Regeln steht.

Auch Adelung kommt in seinem ‚Grundgesetz der deutschen Orthographie' (1782) auf das Alphabetische zu sprechen. Sein erstes ‚positives Gesetz' bindet die Orthografie lautlich an die Hochdeutsche Mundart. Ist sie „allein nicht bestimmt genug", so wird nach dem nächsten Stamm geschrieben. Für die Stammwörter selbst „zeigt der Gebrauch die einige wahre Schreibart.“ Adelungs Orthografie weist dem Morphologischen eine wichtige Rolle zu und orientiert sich am Gebrauch. Sie ist in beiderlei Hinsicht modern.

Von der Idee, es müsse doch möglich sein, eine reine Alphabetschrift zu entwickeln und nur lautbezogen zu schreiben, geht bis heute eine gewisse Faszination aus. Im gesamten 19. Jhdt. gab es eine starke Fraktion von Schreibphonetikern, die der Idee nahe stand. Auch Konrad Duden selbst konnte sich ihr nicht entziehen. Von der Lautferne der Orthografie seiner Zeit, die in wesentlichen Teilen auf der Morphologie beruht, schreibt er (1872: 23): „Einer vollkommenen Schrift widerstreitet sie, und hätten wir ein vollkommenes Alphabet, [...] so wäre sie unbedingt zu verwerfen.“ Aber er schreibt auch (1872:19), „daß eine minder gute Orthographie, der ganz Deutschland zustimme, besser sei als eine vorzüglichere, die sich auf einen Teil Deutschlands beschränke.“

Hier drückt sich nicht nur Respekt vor dem allgemeinen Schreibgebrauch aus, sondern Dudens Position hat sich nachträglich auch als theoretisch weise herausgestellt. Wir wissen heute, dass Alphabetschriften im Allgemeinen im Verlauf ihrer Entwicklung aus guten Gründen lautferner werden, weil ihre Hauptfunktion darin besteht, dem leisen Lesen dienlich zu sein. Die deutsche Orthografie ist voll von Strukturen, die das belegen, vom stummen h wie in *geht, gehen, fühlen* über die Großschreibung der Substantive bis zum morphologischen Prinzip. Daraus folgt als Konsequenz ein Glaubenssatz, der als Warnung vor jedem Eingriff in eine etablierte Orthografie zu verstehen ist: Glaube nicht, du wüsstest, wie man eine Orthografie vereinfachen kann. Versuche insbesondere nicht, sie zu vereinfachen, damit sie leichter in der Schule gelernt werden kann. Die Orthografie hat sich nicht zu dem entwickelt, was sie heute ist, damit sie in der Schule gelehrt wird. Sie ist wie sie ist und muss auch so gelehrt werden.

In seiner Sprachgeschichte schreibt Peter von Polenz (1999: 243): „Der Neuansatz zur Rechtschreibreform ging 1972 von Westdeutschland aus, von Lehrerverbänden, der Gewerkschaft Erziehung und Wissenschaft, dem Deutschen Germanistenverband, der Gesellschaft für deutsche Sprache und schließlich den Kultusministern [...]. Engagierte Befürworter verschärften die Bewegung ins Sozial- und Bildungspolitische, vor allem Interessengruppen für die Erleichterung des Schreibunterrichts in der Grundschule ...“. Damit war die Neuregelung gescheitert, bevor sie richtig begonnen hatte.

1.2 Über Regelwerke

Die deutsche Orthografie und ihre Regelwerke
Ein orthografisches Regelwerk ist eine Sammlung von Regeln im Sinne von Abschnitt 1.1, die meist mit dem Anspruch verbunden ist, die Orthografie einer Sprache wenn nicht vollständig, so doch in ihren wesentlichen Bereichen zu erfassen. Wie die orthografische Regel strebt ein Regelwerk die Verwirklichung eines Verständnisses von Orthografie an, wie es seinen Autoren eigen ist.

Das Deutsche ist eine Sprache, die seit langem über umfangreiche Regelwerke verfügt, in 1.1 wurden kurz die vollkommen unterschiedlich gebauten von Klopstock und Adelung aus dem 18. Jhdt. erwähnt, die aber bei weitem nicht die ältesten ihrer Art für das Deutsche sind. Insbesondere während der zweiten Hälfte des 19. Jhdts. gehörte ein orthografisches Regelwerk zum Selbstverständnis der einzelnen deutschen Länder. Das war einer der Gründe, dass es nach der staatlichen Einigung 1871 so schwierig war, eine einheitliche Orthografie für das kleindeutsche Deutsche Reich durchzusetzen. Andere Harmonisierungen, etwa die Spurweite der Eisenbahnen oder die Normierung von technischen Halbzeugen, waren leichter zu verwirklichen. Der erste Anlauf mit der I. Orthographischen Konferenz im Jahr 1876 schlug fehl. Erst als sich die Regierungen von Preußen und Bayern auf eine Angleichung ihrer Regelwerke verständigten und gleichzeitig Konrad Duden auf deren Basis im Jahr 1880 sein ‚Vollständiges Orthographisches Wörterbuch' (28.000 Einträge) veröffentlichte, bekam die einheitliche Orthografie eine Chance. Sie wurde beschlossen auf der II. Orthographischen Konferenz von 1901, die im Wesentlichen die erreichte Vereinheitlichung festschrieb.

Kennzeichnend und wichtig für den komplizierten Einigungsprozess ist, dass es vorrangig um die Schulorthografie ging. Jedem war klar, dass die Orthografie mittelfristig von dem geprägt sein würde, was die junge Generation in der Schule lernt. Insofern streut man sich und anderen Sand in die Augen, wenn man die Freiheit jedes Einzelnen und jeder nichtstaatlichen Institution beruft, man könne doch schreiben, wie man wolle. Es trifft zu, dass beispielsweise manche Schriftsteller nicht normgerecht schreiben und dass eine größere Zahl von Schreibern an einigen oder allen Merkmalen der alten Orthografie festhält. Wer sich als junger Mensch in der literalen Gesellschaft zurechtfinden will, kommt allerdings am normgerechten Schreiben nicht vorbei.

„Jeder Duden besteht aus zwei Teilen, einem allgemeinen, der neben Vorwort, Inhalts- und Abkürzungsverzeichnis und Hinweisen für die Benutzung vor allem einen Regelteil enthält. ... Nicht zuletzt ist der Regelteil für das erhebliche Ausmaß des allgemeinen Teils in den Duden verantwortlich." (Sauer 1988: 21). Das gilt für den DDR-Duden (z. B. 1977) ebenso wie für den der Bundesrepublik (z. B. 1961) und es gilt auch für andere Wörterbücher wie das von Ickler (z. B. 2004). Das

Österreichische Wörterbuch (z. B. 1997) und Brockhaus Wahrig (2011) bringen an dieser Stelle das Amtliche Regelwerk. Beim Duden hat sich die Darstellung der Regeln dagegen stark verändert. Enthält die 17. Auflage des Mannheimer Duden (1973) noch einen zusammenhängenden Text, der inhaltlich nach den Teilen der Orthografie gegliedert ist, so findet sich ab der 18. Auflage von 1985 nur noch ein alphabetisch geordnetes Register von Stichwörtern. Der Vorgang wiederholte sich nach der Neuregelung. Wurde das Amtliche Regelwerk zunächst im Duden abgedruckt (21. Aufl. 1996), so entfiel es ab der 25. Auflage von 2009 und ist bis heute nicht wieder aufgetaucht.

Ein solches Vorgehen hatte Tradition. Das bis zur Neuregelung von 1996 gültige Regelwerk stammt in seinen Grundzügen aus dem Jahr 1901. In den verschiedenen Auflagen des Duden berief man sich immer auf die Gültigkeit dieser Regeln, ohne sie aber abzudrucken. Man formulierte die Regeln lieber selbst. So hatte Konrad Duden den Auftrag erhalten, die 8. Auflage seines Rechtschreibwörterbuchs (1908) mit dem für Buchdrucker, Setzer und Korrektoren erstellten Spezialwörterbuch, dem sog. Buchdruckerduden, zu vereinigen. Der Buchdruckerduden war nicht nur umfangreicher als der für den allgemeinen Gebrauch, er war auch genauer in seinen Festlegungen. Man hoffte, auf diese Weise Zweifelsfälle, Unsicherheiten und Schreibvarianten zu beseitigen, gleichzeitig aber auch die geltende Regelung weiter zu vereinheitlichen. Die 9. Auflage des Duden vollzog einen Sprung, sowohl was den Umfang des Einträge (jetzt 68.000) als auch was den des Regelwerks betrifft. Der unter dem schlichten Titel ‚Vorbemerkungen' erscheinende Regelteil beruft sich zwar wie immer explizit auf das amtliche Regelbuch von 1901, bringt dann aber seine Sicht auf fast 40 Druckseiten zur Geltung: „Die Spezialorthografie für einen Berufsstand wurde faktisch zur allgemeinen Norm." (Strunk 2016: 92).

Über das amtliche Regelwerk

Die deutsche Sprachgemeinschaft war also an die doppelte Kodifikation ihrer Orthografie gewöhnt, als man zur Neuregelung schritt: Die jahrelangen Diskussionen über ihren Sinn waren immer auch Diskussionen über Regeln und das Regelwerk. Die Orthografiedebatte in Deutschland ist niemals zur Ruhe gekommen, hat aber auch niemals zu durchgreifenden Resultaten geführt. Das änderte sich erst, als die Regierungen der Bundesrepublik und der DDR auf Vorschlag der Bundesrepublik (1973) beschlossen, im Rahmen der Politik eines Wandels durch Annäherung an der Orthografie des Deutschen zu arbeiten. Die Arbeiten wurden zunächst in den deutschsprachigen Ländern getrennt durchgeführt, wobei man in der DDR am schnellsten voranschritt. In den 80er Jahren kam zu regelmäßiger Kooperation, als gemeinsames Dach richtete man den Internationalen Arbeitskreis für Orthographie ein. Im Jahr 1991, also erst nach der Wende, lag eine erste Fassung des neuen Regelwerks vor. Das öffentliche Interesse war groß. Wie schon die Vorgängertexte der einzelnen deutschsprachigen Länder wurden die Regeln diskutiert und immer wieder verändert, bis sie im Jahr 1996 mit den Wiener Beschlüssen verabschiedet wurden (Deutsche Rechtschreibung 1996).

Es folgte sehr bald Katzenjammer. Das Regelwerk war ein Konglomerat aus unterschiedlich angelegten Texten. Das traditionell und von der DDR vertretene wichtigste Reformanliegen, die Abschaffung der Substantivgroßschreibung, war politisch abgesagt worden, was zu herumstochernder Suche nach anderen reformwürdigen Teilen der alten Orthografie führte. Einige Gebiete, zum Beispiel die Großschreibung und zunächst auch die Silbentrennung, wurden am Stand der Technik vorbei geregelt (2.4; 2.6). Vom Missgriff bei der Getrennt- und Zusammenschreibung war schon die Rede, Silbisches erschien gar nicht, Morphologisches wurde falsch umgesetzt. Noch beim Bonner Hearing über die Neuregelung im Jahr 1993 wurde moniert, dass es kein hinreichend umfangreiches Wörterverzeichnis gab, an dem man die Wirkung der Regeln überprüfen konnte. Die Neuregler hatten sich auf das Regelwerk fixiert. Als 1996 in aller Eile die ersten Wörterbücher publiziert wurden, stellte man fest, dass zwischen Duden und Bertelsmann über 6.000 Unterschiede bestanden. Der größte Teil davon betraf Marginalien. Der Vorgang zeigt aber, dass es einer umständlichen Abstimmung zwischen den Wörterbuchverlagen bedurfte, d. h. einer Verständigung über die Inhalte des Regelwerks. Riesige öffentliche Kampagnen wie die von der Buchmesse 1996 ausgehende taten das Ihre. Das Urteil des Verfassungsgerichts von 1998 gilt bis heute als juristisch heikel. Nur ein paar Hardliner verteidigten das Reformwerk noch in Bausch und Bogen. Im Jahr 1997 gab es eine kleine Zeitungsmeldung, in der einer der Autoren (er ist inzwischen verstorben) erklärte, er fühle sich für seinen Regelteil letztlich nicht verantwortlich, weil an den Formulierungen insgesamt weit über einhundert Personen beteiligt gewesen seien. Diese Anekdote kann auch in Erinnerung rufen, wie von heute aus gesehen unvorstellbar groß das öffentliche Interesse an solchen Vorgängen war.

Im Jahr 2006 wurde mit dem Kompromissvorschlag der Deutschen Akademie für Sprache und Dichtung (Akademie 2003) ein erheblicher Teil der neuen Orthografie in Richtung der alten rückgebaut. Die Rechtschreibkommission hatte sich dem widersetzt. Sie war deshalb schon im Jahr 2004 entlassen und durch den Rat für deutsche Rechtschreibung ersetzt worden. Nachdem die bisher einzige substantielle Veränderung an der Neuregelung von 1996 von der KMK akzeptiert war, kehrte Ruhe ein. Das öffentliche Interesse erlahmte und man kann sich fragen, ob der vorliegende Versuch zur Formulierung eines Gesamtregelwerks nicht Schlachten von gestern schlagen möchte. Meiner Überzeugung nach tut er das nicht, schon weil noch immer kein Konsens über Bedeutung und Verfasstheit der Orthografie besteht, wie wir ihn vor 1996 hatten.

Auf dem Weg zum Paralleltext

Das war auch Überzeugung des Rats für deutsche Rechtschreibung, als er die Deutsche Akademie beauftragte, eine Neuformulierung der Regeln zur Substantivgroßschreibung vorzulegen. Der Text wurde im Rat diskutiert und im Konsens überarbeitet. Im Übrigen war der Rat seit 2006 mit Änderungen so gut wie nicht vorangekommen war. Man setzte lediglich ein gutes Dutzend überwiegend absurder Schreibvarianten außer Kraft, etwa *Katarr, Fassette, Maläse, Mohär, Kreme, transchieren*. Neu zugelassen wurden ganz wenige wie *Clementine, Crème, Schmand*. Das war alles, dabei ist es geblieben. Der Rat nahm sich Besserung vor und fasste zum Ende seiner ersten Amtszeit im Herbst 2010 folgenden Beschluss zur weiteren Arbeit am amtlichen Regelwerk.

„Damit ist die Arbeit an diesem Texttyp ... in die allgemeinen Aufgaben des sich in der zweiten Amtszeit konstituierenden Rates eingebunden und hat dort seinen [sic] vernünftigen Ort zu finden.“ (rechtschreibrat.com/DOX/bericht2010.pdf, S. 31, besucht am 21.12.2016). Zweierlei sollte den Texttyp, der unter der Bezeichnung ‚Paralleltext‘ gehandelt wurde, auszeichnen. Sprachwissenschaftlich konsistente Fundiertheit war zu verbinden mit Orientierung auf die Zielgruppe von Sprachkennern und Sprachprofis, insbesondere die sog. Multiplikatoren. Das sind vor allem, aber längst nicht ausschließlich Lehrer, egal wo und unter welchen Bedingungen sie das geschriebene Deutsch an ihre Schüler weitergeben.

Wie beschlossen, setzte der Rat in seiner zweiten Amtszeit (2010 bis 2016) das Vorhaben Paralleltext zunächst mit der Neuformulierung des gesamten Regelteils zur Groß- und Kleinschreibung fort. Im Ergebnis wurde der überarbeitete Akademietext etwa halb so lang wie der amtliche und viel verständlicher, obwohl er nichts an den festgelegten Schreibungen ändern wollte. Der Rat verabschiedete ihn als Prototyp eines zu entwickelnden Gesamtregelwerks und wandte sich als nächstes den Kommaregeln zu. Nach mehrfach missglückten Versuchen beauftragte man erneut die Akademie mit der Formulierung. Der vorgelegte Text wurde wie der erste im Rat besprochen und danach überarbeitet.

Man war auf gutem Weg, als eine auf Beharrung fixierte Fraktion begriff, dass die eingeschlagene Richtung insgesamt zum Erfolg führen konnte. Der Rat setzte seinen alten Beschluss außer Kraft und nahm sich vor, in einem langwierigen Prozess darüber Klarheit zu erlangen, wo denn eigentlich die Schwächen der amtlichen Regelung liegen.

Die neue Linie wurde, das muss man sich vor Augen halten, mehr als sechzehn Jahre nach Inkrafttreten der Neuregelung ausgerufen, Jahre, in denen zahlreiche auch fundierte Analysen zu den geltenden Regeln erarbeitet worden waren. Gewonnen hatte erneut die teilweise geradezu panische Angst vor den Risiken von Änderungen. Daran hat sich bis heute kaum etwas geändert. Der am 8. Dezember 2016 veröffentlichte 3. Bericht des Rates weist lediglich eine weitere Liste zur Bereinigung von Varianten, einige Sätze zur Großschreibung von festen Verbindungen aus Adjektiv und Substantiv sowie ein Plädoyer für einen Großbuchstaben *ß* als Änderungen aus (www.rechtschreibrat.com/DOX/rfdr_Bericht_2011-2016.pdf, besucht am 8.1.2017).

Eine Orthografie braucht nicht unter allen Umständen ein Regelwerk, um allgemeine Akzeptanz in einer Sprachgemeinschaft zu finden. Für die englische gibt es beispielsweise einen solchen Kodex nicht. Trotzdem ist der Konsens über gültige Normen recht gut gesichert. Ein auf Kasuistik gestütztes induktives Denken beherrscht das britische Normbewusstsein überall, von der Verfassung bis zur Grammatik. Ein Regelwerk für die gesamte Orthografie zu erstellen ist – aus spezifischen innersprachlichen Gründen – trotz mehrfacher Anläufe auch bis heute nicht gelungen. Das ist im Deutschen anders, wo die überregionale Vereinheitlichung des Geschriebenen der im Gesprochenen immer voraus war. Die Geschichte des Deutschen ist, schon in Zeiten politischer Kleinteiligkeit des Sprachgebiets, voll von Systematisierungsbemühungen zu Grammatik und Orthografie. Heute gibt es mehrere ausgewiesene Beschreibungen des deutschen Schriftsystems, auf deren Grundlage ein orthographisches Regelwerk für den allgemeinen Gebrauch formulierbar wird. Wir haben uns daran gewöhnt und finden es notwendig, dass unsere Orthografie zweifach als Wörterliste und als Regelwerk kodifiziert ist. Der Idealzustand, dass beide extensional vollkommen übereinstimmen, ist unerreichbar, aber als Richtschnur von Normierungsbemühungen ebenso rational wie fruchtbar.

Weiter kommt dem Regelwerk eine Schlüsselrolle zu, wo es darum geht, das Orthografieverständnis und den Orthografieunterricht auf eine gesicherte Basis zu stellen. Mit dem derzeit geltenden Text ist das trotz der Veränderungen von 2006 nicht möglich. Der Text der amtlichen Regelung ist nach wie vor in großen Teilen umständlich, schwer verständlich, widersprüchlich und vielfältig interpretierbar. Er ist von schwankender Textsorte ohne spezifischen Adressatenbezug, der viel zu schnell von Ausnahmen spricht, wo ihm Regelmäßigkeiten verborgen bleiben.

Hier wird nicht insinuiert, Lehrer sollten den ganzen Tag mit dem Regelwerk unterm Arm herumlaufen. Der Text muss ihnen aber zugänglich sein und in der Praxis weiterhelfen. Man soll Festlegungen einschließlich ihrer Varianten mit guten Argumenten verteidigen können, man soll über einen fundierten Begriff von Einfachheit verfügen und in der Lage sein, einen sich nachweisbar vollziehenden Schreibwandel ohne viel Aufhebens ins Regelwerk zu integrieren. All das sollte die

Arbeit des Rates während seiner zweiten Amtszeit leiten. Auch wenn bewusst offen gelassen wurde, welche Rolle ein Paralleltext würde spielen können, bestand die Hoffnung auf eine Kooperation mit den politisch Verantwortlichen. Denn klar war: Das geradezu traumatisierte Gremium KMK ist nur erreichbar, wenn man eine konkrete und nicht allzu langfristige Perspektive für erneute Änderungen anbietet.

Wenn der Neuregelung gegenwärtig überhaupt noch etwas abgewonnen wird, dann auf zweierlei Weise. Verfechter machen immer wieder geltend, der Diskussionsprozess vor allem in den achtziger und neunziger Jahren habe doch zu öffentlicher Aufmerksamkeit für Sprachprobleme allgemein und zu viel Forschung im Bereich Graphematik und Orthografie des Deutschen beigetragen. Und ebenso oft wird darauf verwiesen, dass viele der neuen Wortschreibungen sich durchgesetzt haben, also nicht mehr strittig sind. Es gehe im Grunde doch nur um ein wenig Umgewöhnung, wobei man sich an neue Schreibweisen eben besonders schwer gewöhne.

Beide Argumentationen haben ihre Wahrheit, tragen das Gesamtproblem aber nicht. Beide bleiben an der Oberfläche sekundärer Erwägungen und blenden den traurigen Zustand großer Teile des Normkodex aus. Das in Abschnitt 3 vorgelegte Regelwerk nimmt die Arbeit am Paralleltext auf. Es möchte dem Leser zeigen, dass unsere orthografische Norm insgesamt nichts Bedrohliches hat, und in wiefern sie im Vergleich zu denen mehrerer Nachbarsprachen (Französisch, Englisch) sogar gut verstehbar und leicht erlernbar ist.

Das in Abschnitt 3 vorgelegte Regelwerk weist einige Züge auf, die es mit dem amtlichen vergleichbar machen. Das ist durchaus beabsichtigt und schlägt sich am offensichtlichsten in der Makrostruktur (Zahl und Inhalt der Hauptteile) nieder. Man hätte auch eine ganz andere Gliederung wählen können, etwa eine, die das Verhältnis von Phonografischem, Silbischem und Morphologischem zugrunde legt, wie das in einigen systematischen Analysen der Fall ist. Der begriffliche Aufwand wäre größer, die Vergleichbarkeit geringer geworden. Das Wesentliche des Ansatzes lässt sich auch bei der gegebenen Gliederung umsetzen.

Ganz wichtig ist weiter: Es wird, wie schon im Vorwort versichert, keine neue Orthografie angestrebt, sondern eine andere Formulierung der geltenden Regelung. Falls es marginale Unterschiede gibt, sind sie nicht beabsichtigt und können leicht beseitigt werden. Allerdings wird unterstellt, dass eine Anpassung für den Fall, dass Änderungen an den Schreibungen vorgenommen werden, mit diesem Regelwerk ohne Schwierigkeiten zu bewerkstelligen ist.

Beide Regelwerke haben etwa denselben Grad an Explizitheit, was die insgesamt erreichten (explizit behandelten) Schreibungen betrifft. Den bekannten Schwierigkeiten, die eine Regelung der Getrennt- und Zusammenschreibung zu gewärtigen hat, wird mit einer höheren Explizitheit begegnet. Das schlägt sich in einem etwas größeren Umfang dieses Regelteils im Vergleich zum amtlichen nieder. Dagegen haben die Teile 3 (Bindestrich), 4 (Groß/Kleinschreibung) und 5 (Zeichensetzung) einen erheblich geringeren Umfang als die amtlichen. Das hat konzeptionelle Gründe, die in 2.3, 2.4, 2.5 und im Regelwerk selbst zur Sprache kommen.

Generell wird angestrebt, dem theoretisch einheitlich fundierten Regeln wo immer möglich Hinweise auf Funktionalitäten und auch andere Begründungen beizugeben, die dem Leser deutlich machen, warum unsere Orthografie in dieser oder jener Hinsicht gerade so und nicht anders geregelt ist. Dieses Vorgehen ist der Überzeugung geschuldet, dass die Vereinheitlichung der deutschen Orthografie im 19. Jhdt. zu einer Gebrauchsnorm geführt hat, die weitgehend ohne äußeren Zwang entstanden ist. Aus der daraus folgenden immer wieder überraschend hohen Systematizität unserer Orthografie haben sich die über viele Jahre hinweg vorgetragenen Warnungen vor wie immer gutgemeinten Eingriffen ins System gespeist. Man kann diesen Punkt gar nicht oft und eindringlich genug wiederholen. Dass die Sprachgemeinschaft einen derart lang andauernden, hinhaltenden Widerstand gegen die Neuregelung entwickelt hat, hat mehrere Gründe, aber der gerade genannte steht, nach allem, was wir wissen, an erster Stelle.

1.3 Kernwortschatz, Nahbereich, Fremdwortschatz

Orthografische Regeln möchte man so formulieren, dass sie eine möglichst große Reichweite haben, das heißt im Extremfall: Gültigkeit für alle Wörter des Deutschen besitzen. Vielleicht gibt es sogar ein paar solcher Regeln, Kandidat wäre beispielsweise ‚Substantive werden großgeschrieben'. Im Allgemeinen sind Versuche dieser Art aber vergeblich, weil unser Wortschatz nicht homogen, sondern in sich so gegliedert ist, dass viele Regeln nur in bestimmten Teilen des Wortschatzes gelten. Die offensichtlichste Unterteilung ist die in Fremdwörter und Nichtfremdwörter, die wir aus gleich zu erläuternden Gründen als Kernwörter bezeichnen. Im Deutschen lohnt es sich, diese Unterteilung für alle Bereiche der Wortgrammatik zu berücksichtigen, für die Lautlehre ebenso wie für die Morphologie und die Orthografie.

Aus dem Kernwortschatz lässt sich mit guten Gründen weiter ein sog. Nahbereich ausgliedern, der Wörter umfasst, die besonders häufig und in strukturell wichtigen Positionen verwendet werden. Ihre Schreibung weist Besonderheiten auf, die sie als Ausnahmen und als unregelmäßig erscheinen lassen.

Der vorliegende Abschnitt möchte die in 1.1 begonnene Darlegung über Ausnahmen fortsetzen mit dem Ziel, ihre Anzahl zu reduzieren, zumindest aber den Begriff der Ausnahme so zu differenzieren, dass der Anschein von Willkür und Beliebigkeit relativiert wird.

Kernwortschatz

Der Begriff nimmt Bezeichnungen wie heimischer und nativer Wortschatz auf, er stellt aber nicht die Herkunft von Wörtern in den Mittelpunkt, sondern ihren Bau. Zum Kernwortschatz gehört, was in einem bestimmten Sinn einfach und regelmäßig gebaut, leicht lernbar ist und häufig verwendet wird. Kernwörter spielen eine besonders wichtige Rolle in der Alltagssprache. Alle diese Kriterien sind weich in dem Sinn, dass sie weder notwendig noch hinreichend für ‚Kernwortschatz' sind, nur der Bau lässt sich recht genau beschreiben. Das betrifft alle Beschreibungsebenen, die lautliche wie die morphologische und die orthografische. Wir demonstrieren das am Bau einfacher Substantive (diese und weitere Beispiele nach Eisenberg 2012).

(44) Einfache Substantive des Kernwortschatzes
- (a) *Baum, Mensch, Strich, Hand, Frist, Buch, Kind*
- (b) Mask *Hase, Falke, Anker, Krater, Hobel, Igel, Graben, Faden*
  Fem *Farbe, Hose, Elster, Kelter, Amsel, Sichel*
  Neut *Auge, Erbe, Leder, Wasser, Kabel, Rudel, Becken, Wappen*

Man schätzt, dass der Kernwortschatz des Deutschen etwa 8.000 Wörter mit einfachen Stämmen umfasst, das sind Stämme ohne interne morphologische Grenze. Von diesen sind mindestens 5.000 Substantive, deren erdrückende Mehrheit aussieht wie die Wörter in (1). Ihr Lautbestand und ihr Silbenbau folgen den Regeln der Kerngrammatik, weisen keinerlei Besonderheiten auf. Ihre Grundformen sind entweder einsilbig wie in (a) oder sie sind zweisilbig mit einer sog. Schwasilbe als zweiter Silbe (s. a. 2.1). Diese Silbe enthält den Laut [ə] in offener oder mit einem der Sonoranten [r], [l], oder [n] geschlossenen Silbe. Mit der Folge von betonter und unbetonter Silbe bilden sie einen Fuß im Sinne der Metrik, hier einen Trochäus, der in der Wortgrammatik des Deutschen eine herausragende Rolle spielt. Beispielsweise sind alle Pluralformen einfacher Substantive des Kernwortschatzes trochäisch. Solche Substantive flektieren regelmäßig nach den Flexionstypen der Kerngrammatik und gehen regelmäßig Verbindungen mit Präfixen *(Unmensch, Urmensch)*, Suffixen *(Menschheit, menschlich)* und anderen Stämmen zu Komposita (Zusammensetzungen) wie in *Menschenrecht, Schneemensch)* ein.

Solche grammatischen Eigenschaften finden sich auch bei Wörtern der anderen Wortarten, insbesondere bei Adjektiven und Verben, aber auch bei Adverbien, Präpositionen, Pronomen und Konjunktionen (Eisenberg 2012: 15ff.). Man gelangt auf diesem Weg zu einer ebenso einfachen wie inhaltlich konsistenten grammatischen Beschreibung eines riesigen Teils des deutschen Wortschatzes, einschließlich seiner Orthografie. Wir werden immer wieder bei der

Buchstabenschreibung, aber auch beim Bindestrich sowie der Getrennt- und Zusammenschreibung auf den Begriff Kernwortschatz zurückgreifen. Wichtig ist, dass der Kernwortschatz nichts mit Entlehnung zu tun hat. Viele Wörter aus anderen Sprachen sind Kernwörter und von der Form her nicht als ‚fremd' zu erkennen. Bei Entlehnungen aus dem Französischen gilt das beispielsweise für *Bluse, Dame, Droge, Lärm, Möbel, Mode, nett, nobel, Onkel, Plüsch, Puder,* bei Entlehnungen aus dem Hebräischen für *Bammel, dufte, Jubel, Kaff, kotzen, Ramsch, Zoff* und viele andere. Für uns entscheidend ist, dass ein Durchschnittssprecher nichts von der Herkunft solcher Wörter wissen muss, um sie richtig zu verwenden. Für ihn sind sie eben Kernwörter, darauf allein kommt es an.

Nahbereich

Irregularitäten und Besonderheiten der Schreibung gibt es natürlich auch dort, wo man, was den Gebrauch von Wörtern betrifft, eher von Kernwörtern sprechen möchte. So ist die Schreibung von Wörtern aus den kleineren, geschlossenen Klassen, also der Präpositionen, Konjunktionen, Artikel, Pronomen, Partikeln, Hilfsverben, einfachen Zahlwörter auch dort, wo sie nicht dem Bau prototypischer Kernwörter folgen, nicht einfach willkürlich, aber vieles ist individuell geregelt und muss Wort für Wort gelernt werden. Dasselbe gilt für historisch isolierte und sonstwie markierte Wörter aus offenen Klassen. Nicht alle folgen den produktiven Grundregeln.

Manche besonderen Schreibungen halten sich sehr lange. So dürfte es schwierig sein, ohne einen Blick in die Geschichte des Deutschen zu begründen, warum *vor* mit *v* und *für* mit *f* geschrieben wird, warum *allein* zwei und *also* ein *l* hat, warum *flugs* ein *g* und *stracks* ein *ck* aufweist, warum *Lärm* mit *ä* und *Kern* mit *e* geschrieben wird, warum *Zeh* das lange [eː] als *eh* markiert, *See* aber mit *ee*. Unser Regelwerk greift Fälle dieser Art wo immer möglich auf und zeigt, welche Schreibmöglichkeiten es gibt. Das Hauptaugenmerk bleibt bei den produktiven Regeln, eben weil die besonderen Schreibungen einen so geringen Anteil am Gesamtwortschatz ausmachen und es im Zweifelsfall effektiver ist, das Wörterverzeichnis in einem Wörterbuch zu konsultieren.

Einen besonderen Status haben Wörter, die dem sog. Nahbereich zugeordnet werden. Zum Nahbereich zählt man kurze Wörter, die für den Sprachgebrauch besonders wichtig sind, die besonders häufig und vielfältig verwendet werden. In vielen Sprachen gehören dazu beispielsweise sog. Kurzverben und Personalpronomen. Im Deutschen betrifft das vor allem die Verben *sein, werden, haben* und das Pronomen, dessen Personenformen im Singular *ich, du, er/sie/es* und im Plural *wir/ihr/sie* lauten. Schon das ebenfalls nach Person geordnete Paradigma des Possessivums *mein, dein, sein/ihr/sein* weist offensichtlich mehr Regelmäßigkeiten auf, ist aber eben auch in der Grundfunktion eines Verweises auf die Teilhaber an der Sprechsituation (Sprecher, Adressat, Besprochenes) von geringerer Bedeutung als das Personalpronomen.

Unter den Verben gilt *sein* als das unregelmäßigste des Deutschen überhaupt, es folgen *werden* und *haben*. Alle drei haben mehrere Verwendungsweisen, zum Beispiel die als Hilfsverb *(Karl ist/wird geschlagen)* und als Kopula (*Karl ist/wird Lehrer*), während *haben* als Hilfsverb und Vollverb verwendet wird *(Karl hat geschlafen, Karl hat kein Auto)*. Die Unregelmäßigkeit der Formbildung solcher und anderer Verben ist kein Zufall, sondern ergibt sich aus ihrem besonderen Verhalten. Damaris Nübling hat gezeigt, dass nicht, wie oft angenommen wird, im Lauf der Sprachgeschichte nur unregelmäßige Formen zu regelmäßigen werden oder ganz verschwinden, sondern dass auch umgekehrt regelmäßige zu unregelmäßigen werden, etwa weil sie sich zu Verben des Nahbereichs entwickeln. Jede Form hat dann ihre eigene, unverwechselbare Gestalt. Und nicht nur das. Sie zeigt auch, dass solche Prozesse der Irregularisierung in übereinzelsprachlich vergleichbarer Weise ablaufen (Nübling 2000). Was dabei für die Schreibung herauskommt, wollen wir kurz an der Subjekt-Verb-Verbindung von Personalpronomen und *sein* betrachten.

(2) Präsens von Personalpronomen und *sein*

ich	*bin*	*wir sind*
du	*bist*	*ihr seid*
er/sie/es	*ist*	*sie sind*

Die Schreibung der Personalpronomen im Singular weist keine Besonderheiten auf, sie ist in allen Formen regelhaft. Morphologisch auffällig ist die Übereinstimmung der Pluralform der 3. Person mit der Singularform des Femininums *(sie)*. Das ist bei allen Pronomenwörtern und auch beim bestimmten Artikel *(die)* in allen Kasusformen mit Ausnahme des Dativs so. Die Formen, die grammatisch Feminina sind oder ihnen gleichen, sind in diesem strukturell wichtigen Bereich dominant.

Die Singularformen des Pronomens sind kurz, die Hälfte besteht aus nur zwei Buchstaben, bei den Pluralformen sind es mindestens drei. Das entspricht einer ganz allgemeinen Regularität des Deutschen, die besagt, dass der Plural als markierter Numerus niemals kürzer ist als der Singular, meist ist er länger. Die Form *ihr* enthält ein Dehnungs-*h*, das regelhaft nach einem Buchstaben für einen Langvokal und vor einem Sonorantbuchstaben steht (R18). Stünde es nicht, wäre die Form *(ir)* als Pluralform zu kurz. In der 1. Ps. sind die Bedingungen für ein Dehnungs-*h* ebenfalls gegeben. Es wird aber nicht gesetzt, denn die Form ist auch so lang genug.

Beim Verb sind die 1. und 2. Person des Singular durch das gemeinsame *b* paradigmatisch aufeinander bezogen. Man wird aber nicht so weit gehen, hier von einem gemeinsamen Stamm zu sprechen. Die Formen der 2. und 3. Person haben den Anteil *ist* gemeinsam, der sie aufeinander bezieht, ähnlich wie wir es bei starken Verben mit dem Vokalwechsel zum [i] haben *(ich esse, du isst, sie isst)*. Die regelmäßigen Flexionsendungen der 2. und 3. Person *(st* und *t)* sind ebenfalls vorhanden, wenn auch nicht ohne weiteres als solche segmentierbar. Im Plural stimmen die Formen der 1. und 3. Person überein, wie es bei buchstäblich allen Verben des Deutschen und allen Tempora und Modi der Fall ist. Beide Pluralformen enden auf *d*, so als läge Auslautverhärtung vor. Ganz offensichtlich haben wir es mit einem Fall von Überschuss der Regel zu tun, dass Auslautverhärtung in der Schrift nicht abgebildet wird (R10).

Die Formen aus dem Nahbereich haben Schreibungen, die alles andere als willkürlich sind. Sie sind unregelmäßig, aber weit davon entfernt, die Regelhaftigkeiten der Buchstabenschreibung des Deutschen außer Acht zu lassen. Der Nahbereich ist bestens ins Gesamtsystem integriert, das Reden von Ausnahmen ist nicht zwingend.

Fremdwortschatz

Wir stellen uns einen Leser von Beipackzetteln vor, der einigermaßen geübt im Umgang mit Wörterbüchern ist. Unter diesen befinden sich ein deutsches Universalwörterbuch wie Wahrig 2011, ein Fremdwörterbuch wie Wahrig 2004 und ein medizinisches Wörterbuch wie Pschyrembel 2007. Ist der Leser in der Lage, ein Wörterbuch wie Pschyrembel ohne Einschränkungen zu benutzen, wird er die Wörter in (3, Beispiele nach Eisenberg 2012) dort nachschlagen, soweit er sie nicht versteht. Ist das nicht der Fall, muss er es mit den beiden anderen Wörterbüchern versuchen und wahrscheinlich für die in (a) Wahrig 2011, bei denen in (b) Wahrig 2004 aufschlagen.

(3) Komplexe Wörter, fremd und nicht fremd
 (a) *Herzmuskelentzündung, Säurebindungsmittel, Nebennierenschwäche*
 (b) *Hypolyseninsuffizienz, Thyroxintherapie, Osteoporoseminimierung*
 (c) *Herzrhythmusstörung, Plasmaeiweißbindung, Schilddrüsenunterfunktion*

Unsere These: Der Leser hat eine sichere Intuition darüber, welche Wörter eher in einem Fremdwörterbuch zu finden sind und welche nicht. Das hat weder etwas mit ihrer Verständlichkeit oder Komplexität noch etwa mit Kenntnissen von Fremdsprachen zu tun. Es genügt, dass unser Leser Deutsch kann. Insbesondere genügt es, um die Wörter in (b) als fremd, die in (a) als nichtfremd (komplexe Kernwörter) und die in (c) als Mischformen zu erkennen.

Bei den meisten Wörterbuchbenutzern geht die Kenntnis oder das Sprachgefühl noch einen Schritt weiter, indem sie erkennen, das Wörter wie *Camping* und *Crew* etwas mit dem Englischen; *Courage* und *Nuance* etwas mit dem Französischen; *Corpus* und *Pathos* etwas mit dem Lateinischen/Griechischen zu tun haben. Auch dazu brauchen sie kaum Kenntnisse in diesen Sprachen.

Das Erkennen von Fremdheit beruht allein auf der Wahrnehmung von Unterschieden zu Wörtern des Kernwortschatzes, was lautliche, morphologische oder orthografische Eigenschaften betrifft. Ein moderner Fremdwortbegriff stützt sich auf Unterschiede zum Kernwortschatz und fasst ‚Fremdwort' als ein Wort, dass nicht vollständig mit den Regeln der Grammatik des Kernwortschatzes erfassbar ist. Es geht um den Bau von Wörtern und nicht um ihre Herkunft. Oben wurde ja schon gezeigt, dass Wörter, die aus anderen Sprachen entlehnt sind, sehr wohl zum Kernwortschatz gehören können. Fremdheit ergibt sich nur auf Basis des Kerns so wie sich ein Poststrukturalismus nur auf Basis eines Strukturalismus und Normabweichung nur auf Basis einer Norm ergibt. Damit ist die Strategie für die Darstellung orthografischer Regelmäßigkeiten klar: Die Beschreibung des Kernwortschatzes steht im Vordergrund, die Darstellung der Fremdwortschreibung setzt sie voraus.

Fremde Eigenschaften sind ungleichmäßig über die Bereiche der Orthografie verteilt. Für die Zeichensetzung sind sie ohne Belang, sieht man von den Bindestrichen ab. Zur Norm gehören Bindestriche bei Anglizismen wie *Go-in* und *Chill-out*, auch stellt man fest, dass bei Fremdwörtern wie *Investment-Consulting, Service-Company* häufig ein Bindestrich gesetzt wird, um die Hauptfuge anzuzeigen. Gelegentlich wird der Bindestrich auch direkt als Fremdheitsmerkmal verwendet, er wird dann gesetzt, um Fremdheit anzuzeigen (3.3). Eigene Regeln für den Bindestrich bei Fremdwörtern gibt es aber nicht.

Keine Besonderheiten finden sich bei der Groß- und Kleinschreibung. Es gilt deren Hauptregel ‚Substantive werden großgeschrieben', allerdings in der Neuregelung mit dem Zusatz, dass auch Substantive fremder Sprachen groß zu schreiben sind. Das führt zu Schreibungen wie *Know-how, Pommes frites, Status quo* einerseits und *Sex-Appeal, Soft Drink, Ultima Ratio* andererseits. Hier sind Sprachkenntnisse gefragt (3.2).

Bei der Getrennt- und Zusammenschreibung geht es wie im Kernwortschatz um die Unterscheidung von Wort und Phrase, was etwa bei Verbindungen aus Adjektiv und Substantiv zu Schreibungen führt wie *Hardcover – Blackbox/Black Box – Big Brother.* Die berühmten Fälle vom Typ *downloaden, skateboarden, babysitten* werden wie *bausparen, bergsteigen, kopfrechnen* aus dem Kernwortschatz behandelt.

Besonders viel Fremdheit findet sich im Bereich der Buchstabenschreibung. Bei der Buchstabenschreibung von Fremdwörtern ändern sich darüber hinaus

Wortschreibungen häufiger als sonst, weil sie Eindeutschungsprozessen unterworfen sind, die sich ungesteuert oder durch Setzung vollziehen. Wollen wir auf Schreibungen wie *Filosofie, Ketschap* oder *Bulljong* hinaus? Bei Einführung der Neuregelung hat es viel Streit über Eindeutschungen gegeben, dem wir nicht weiter nachgehen müssen.

Zur Laut-Buchstaben-Beziehung heißt es im amtlichen Regelwerk (Rat Hg. 2006: 33): „Über die dargestellten Laut-Buchstaben-Zuordnungen hinaus treten in Fremdwörtern auch fremdsprachige Zuordnungen auf ... In den folgenden Listen sind nur die wichtigsten angeführt." Es folgt dann eine Liste mit gut 20 fremden Konsonantschreibungen, ohne weitere Hinweise auf ihre Verwendung. Zitat und Liste zeigen, dass wir es mit einem Bereich der Orthografie zu tun haben, der nicht im selben Sinn eine explizite Norm darstellt, wie das sonst im Regelwerk angestrebt wird. Möchte man hier überhaupt mit Zuweisungen wie ‚normgerecht' oder ‚nicht normgerecht' operieren, kann man sich allenfalls auf die Normen irgendwelcher anderen Sprachen beziehen: „Für die nicht oder nur teilweise integrierten Fremdwörter lassen sich wegen der Vielgestaltigkeit fremdsprachiger Schreibgewohnheiten keine handhabbaren Regeln aufstellen." (Rat Hg. 2006: 18).

Das trifft sicher zu. Ein erster Schritt, um doch etwas spezifischer zu werden und um ein Gefühl für fremde Schreibungen zu entwickeln, besteht darin, dass man auch bei Fremdwörtern Laut-Buchstaben-Beziehungen von silbischen und morphologischen Schreibungen unterscheidet und dabei auf Spezifika der drei größten Gruppen von Fremdwörtern, den Latinismen/Gräzismen, Anglizismen und Gallizismen zu sprechen kommt. Das wird in unserem Regelwerk versucht, ausführlicher Eisenberg 2012. Aber das ist nur ein erster Schritt, wie schon eine Formulierung aus R4 zeigt:

(4) Schreibung des Diphthongs [ai] in Anglizismen

[ai]	*i*	*Life, File*
[ai]	*y*	*Byte, Style*
[ai]	*igh*	*Light, high*

Festgestellt wird, dass dieser Diphthong, der ja auch im Kernwortschatz vorkommt *(Mai, Hai, Rain, Wein, Bein, Pein)*, in Anglizismen drei Schreibungen hat. Alle drei sind fremd, aber auch die Zuweisung selbst ist es, weil sie keine Eindeutigkeit vom Laut zu den Buchstaben herstellt. Das kommt im Kernwortschatz auch vor, ist aber, wie beim [ai] und [ɛ], gerade die Ausnahme und an sehr spezielle Bedingungen gebunden. Damit ist schon eine Menge ausgesagt, aber nichts darüber, in welchen Wörtern man die einzelnen Schreibungen in (4) findet. Mit genauerer Analyse der Wortschreibungen des Englischen kann man darüber mehr erfahren. Man wird das jedoch kaum in ein Regelwerk des Deutschen aufnehmen wollen, weil dann nicht mehr das Deutsche, sondern das Englische Gegenstand der Darstellung wäre und ein Lied ohne Ende angestimmt würde. Anglizismen sind ja Wörter des Deutschen. Jedenfalls müssten dem weitere Überlegungen zum Gegenstand einzelsprachlicher grammatischer Beschreibungen vorausgehen.

Die Fixierung einer orthografischen Norm für Fremdwörter wirft besondere Probleme auf, dabei bleibt es. Umso wichtiger ist die Durchdringung und Vermittlung der Regelmäßigkeiten im Kernwortschatz, der ja auch den Hintergrund für fremde Schreibungen darstellt.

2 Orthografie im Kontext

2.1 Buchstabenschreibung

Gesprochene und geschriebene Wörter

In unserer Schrift sind Wortformen aus Buchstaben und einigen anderen Zeichen wie Ziffern oder Anführungszeichen aufgebaut. Im Folgenden geht es allein um die Buchstaben: Welche Systematik oder Regelhaftigkeit liegt den Buchstabenfolgen zugrunde? Wir setzen voraus, dass die Gliederung in Wortformen innerhalb des Textes gegeben ist. Warum die Gliederung in Wortformen gerade so und nicht anders vorgenommen wird, gehört in die Getrennt- und Zusammenschreibung (2.2). Auch die Großschreibung interessiert im Augenblick nicht. Wir verwenden sie wie üblich, besprochen wird sie in Abschnitt 2.4.

Eine wichtige begriffliche Klärung betrifft den Wortbegriff. Ein geschriebener Satz oder Text wie *Dem Manne kann geholfen werden* ist eine Folge von Wortformen. *Dem* beispielsweise ist eine Form des Artikels *der, Manne* ist eine Form des Substantivs *Mann*. Alle Formen von *der* zusammengenommen bilden das lexikalische Wort mit der Grundform und dem Namen *der*, genauso wie alle Formen von *Mann* das lexikalische Wort mit der Grundform und dem Namen *Mann* bilden. Das Deutsche hat bei Pronomen, Artikeln, Substantiven, Adjektiven und Verben jeweils mehrere Wortformen innerhalb eines lexikalischen Wortes, bei den Adverbien, Präpositionen, Konjunktionen und Partikeln jeweils genau eine. Manchmal sprechen wir auch einfach von Formen und, wenn kein Missverständnis möglich ist, auch von Wörtern. Der Unterschied zwischen Wortform und lexikalischem Wort sollte aber präsent bleiben, sonst treten leicht Missverständnisse und Ungenauigkeiten auf. Wenn man beispielsweise sagt, das Wort *Bank* habe zwei Bedeutungen (‚Sitzmöbel' vs. ‚Geldinstitut'), dann ist das nicht korrekt. Es sind zwei Wörter, schon weil das eine die Pluralform *Bänke* und das andere die Pluralform *Banken* hat. Man vermeidet viele Missverständnisse, wenn der Unterschied zwischen Wortform und Wort beachtet wird.

Wortformen und Wörter im dargelegten Sinn gibt es im Gesprochenen wie im Geschriebenen, und insofern ist es sinnvoll, einerseits vom phonologischen und andererseits vom graphematischen Wort zu sprechen. Es handelt sich dabei nicht einfach um eine mediale Unterscheidung von Buchstaben und Lauten, sondern um Wörter mit teilweise unterschiedlicher Struktur. Zwar besteht das phonologische Wort aus einer Folge von Lauten, so wie das graphematische aus einer Folge von Buchstaben besteht. Aber die Buchstabenfolge ist stabil, sie ändert sich nicht beim Schreiben. Die Lautfolge kann sich erheblich schon durch das Sprechtempo ändern. Trotzdem ist es möglich, Laute und Buchstaben systematisch aufeinan-

DOI 10.1515/9783110525229-002

der zu beziehen, wenn man sich darauf verständigt, welche Aussprache für diese Zwecke zugrunde gelegt wird.

Wir können es bei diesen Hinweisen bewenden lassen, denn es dürfte kein Zweifel daran bestehen, welche Art der Artikulation für die folgenden Beziehungen zwischen Lauten und Buchstaben gemeint ist. Allerdings ist die Buchstabenschreibung des Deutschen durch einen alphabetischen, einen silbischen und einen morphologischen Anteil geregelt (1.1, 2.1). Bei den Zuordnungen geht es allein um den alphabetischen Anteil. Basis für die Schreibungen insgesamt bleibt dieser alphabetische Anteil, der den Lauten in sog. Korrespondenzregeln Buchstaben zuordnet, etwa in folgender Form.

(1) Zuordnung von Lauten zu Buchstaben

Laut	Buchst.	Beispiele
[a]	*a*	*Wand, kalt*
[t]	*t*	*Tag, treu*
[k]	*k*	*Kunst, krank*
[l]	*l*	*Luft, leicht*

Solche Zuordnungen sind in der Regel eindeutig, d. h. jedem Laut ist genau eine Buchstabenschreibweise zugeordnet. Mit den gegebenen Zuordnungen kann beispielsweise die Lautform [kalt] richtig als *kalt* geschrieben werden. Ausgangspunkt der Zuordnungen sind Laute, zugeordnet werden ihnen Buchstabenschreibungen. Es liegt die Orientierung wie beim Schreiben zugrunde. Auch die andere Richtung wie beim Lesen ist möglich, aber für unsere Zwecke liegt die des Schreibens näher, schon weil wir von Orthografie oder Rechtschreibung sprechen und meistens nicht lautierend, sondern leise lesen. Das bedeutet aber natürlich nicht, dass die Wortschreibungen des Deutschen gar nichts mit dem Lesen zu tun hätten. Ganz im Gegenteil sind viele davon bestimmt, dass das Geschriebene leicht lesbar ist.

Auch die Aussprache selbst orientiert sich am Lesen. Vorausgesetzt ist die sog. Explizitlautung. Sie kommt zustande, wenn die Wörter einzeln Wort für Wort ausgesprochen werden. Jeder Laut wird ausgesprochen, nichts wird verschliffen oder verschluckt. Die Explizitlautung gibt wieder, was man das Lautbild genannt hat, das wir von den Wörtern im Kopf haben. Von der Explizitlautung sind einerseits Standardlautung und Umgangslautung zu unterscheiden, andererseits die Überlautung. Überlautung liegt beispielsweise vor, wenn Laute gesprochen werden, die nicht vorhanden sind, wie beim zweiten *m* in *Hammer* oder beim *h* in *drohen*. Überlautung ist nicht nur am Geschriebenen orientiert, sondern sie realisiert alles, was geschrieben wird. Das ist bei der Explizitlautung anders. Sie bleibt eine Ausspracheform des Gesprochenen und kommt dem nahe, was man früher Bühnenlautung nannte (Siebs Hg. 1898). Überlautungen werden manchmal im Orthografieunterricht verwendet, um den Kindern das korrekte Schreiben zu erleichtern. Zum Erlernen orthografischer Regularitäten trägt das nichts bei, ganz im Gegenteil führt es auf falsche Lernpfade (zu den Aussprachevarianten weiter Duden 2016: 51ff.).

Standardlautung, wie sie in Aussprachewörterbüchern niedergelegt ist (z. B. Duden 2015), findet sich idealiter beispielsweise in der Aussprache von Nachrichtensprechern in Rundfunk und Fernsehen. Dabei kommt es zu Reduzierungen wie der von [l], [n] und [m] in unbetonter Silbe, aus [laːdən] ergibt sich [laːdn] (*laden*). Auch [r] wird reduziert, aus [muntər] ergibt sich [muntɐ] (*munter*). Solche Reduktionen und Verschleifungen gehen in der Umgangslautung noch viel weiter. Im Deutschen hat man lange die sog. Bühnenlautung von Theodor Siebs (1898) als Norm für die Hochlautung propagiert. Heute spricht man im Allgemeinen nicht mehr von Hoch-, sondern nur noch von Standardlautung. Die stärkere Regularisierung einer Explizitlautung für die Formulierung orthographischer Regeln bleibt davon unberührt. Sie ist jedenfalls sinnvoll, insofern sie die Formulierung orthografischer Regeln erleichtert.

Zur lautlichen Repräsentation werden im Regelwerk Zeichen des Internationalen Phonetischen Alphabets (IPA) verwendet. Die zugrunde gelegte Lautlehre (Phonologie/Phonetik) ist denkbar einfach. Ausgearbeitete Phonologien des Deutschen umfassen wesentlich mehr als das, was man für ein orthografisches Regelwerk braucht. So arbeiten wir beispielsweise mit der traditionellen Einteilung der Vokale in Langvokale und Kurzvokale und lassen die sog. Gespanntheitsrelation außer Betracht. Auch berücksichtigen wir nicht den für Wortanfänge des Deutschen vor Vokal auftretenden glottalen Verschlusslaut [ʔ] wie in [ʔalt] (*alt*). Niemand schreibt irgendetwas falsch, wenn der Laut nicht berücksichtigt wird. Dasselbe gilt für den Wortakzent. Wir notieren ihn nicht, weil jeder weiß, was gemeint ist, wenn es von Zweisilbern wie *kaltes* oder *altem* heißt, ihre erste Silbe sei betont oder trage den Wortakzent.

Vereinfachungen dieser Art sind nicht nur praktisch, sondern sie sind – jedenfalls im Prinzip – auch theoretisch gut begründbar. Es ist nämlich gar nicht klar, wie weit unsere Wahrnehmung von Wortstrukturen aus der Schrift begründet ist. So hat der Romanist Helmut Lüdtke in einem berühmt gewordenen Aufsatz (1969) die These vertreten, unserer Wahrnehmung von Einzellauten im Gesprochenen sei überhaupt nur dadurch möglich und entstanden, dass wir an die Buchstabenfolge der Alphabetschrift gewöhnt sind. Aus dieser Sicht ist es jedenfalls nicht von vornherein sinnlos, die Analyse des Lautlichen mit Gegebenheiten des Geschriebenen in Zusammenhang zu bringen, solange das nicht, wie etwa beim Operieren mit Überlautung, übertrieben wird.

Schreibprinzipien: phonografisch, silbisch, morphologisch

Weil alle zur Wortschreibung notwendigen Laute in den Korrespondenzregeln vorkommen, kann man im Prinzip alle Wortformen des Deutschen mit ihnen schreiben. Darin besteht das phonografische Prinzip unserer Orthografie und darin drückt sich die Genialität der Alphabetschrift aus, deren Erfindung am ehesten mit solchen wie der des Rades oder des Mauerbogens vergleichbar ist. Egal, wie groß der Wortschatz ist, ob er aus Hunderttausenden oder Millionen von Wörtern besteht, er lässt sich vollständig mit den wenigen Buchstaben schreiben. Auf den Laut-Buchstaben-Beziehungen beruht, was lautierendes Schreiben genannt wird. Hat ein Kind das Prinzip verstanden, kann es alle gesprochenen Formen auch irgendwie schreiben, allerdings bei weitem nicht alle korrekt im Sinne der Orthografie des Gegenwartsdeutschen. Und dieser Hinweis auf die Leistungsfähigkeit des phonografischen Prinzips sollte keinesfalls als Plädoyer für die Verwendung von Anlauttabellen oder Ähnlichem im Erstschreibunterricht missverstanden werden. Falsche Schreibungen zu lehren, ist sicher nicht der Königsweg.

So lassen sich die gesprochenen Formen [kalt] und [kaltəm] phonografisch schreiben (*kalt, kaltem*), nicht aber die gesprochenen Formen [tol] und [toləm] (*toll, tollem*). Beide gesprochenen Formen enthalten genau einen Laut [l], aber jeweils zwei Konsonantbuchstaben *l*. Das zweite *l* lässt sich nicht phonografisch erklären. Man kann so genau hinhören, wie man möchte, ein zweites [l] ist nicht zu hören und kein Lehrer sollte den Kindern einreden, man höre es, wenn man die Formen nur langsam und deutlich genug ausspricht. An dieser Stelle kommt das silbische Prinzip ins Spiel und mit ihm der Begriff Langform (auch Explizitform oder Stützform genannt).

Der mit Abstand wichtigste Typ von Langform im Deutschen ist die zweisilbige Form bestehend aus einer ersten betonten und einer zweiten unbetonten Silbe wie sie in [kaltəm] und [toləm] vorliegen. Der wichtigste Grund dafür liegt beim Flexionsverhalten der Wörter des Deutschen. Wörter mit einsilbigen Stämmen wie *Hund, kalt, leg+en* (der Verbstamm ist einsilbig, das *en* ist die Flexionsendung des Infinitivs) bilden immer zweisilbige Flexionsformen wie *Hunde, kaltes, legen*, die aus betonter und unbetonter Silbe bestehen. Man nennt solche Formen im Einklang mit der traditionellen Metrik auch trochäisch. Der Trochäus ist von allergrößter Bedeutung für den Wortakzent wie für die Morphologie des Deutschen. Wir kommen darauf zurück und halten für den Augenblick fest, dass die Verdoppelung von Konsonantbuchstaben im Kernwortschatz ihre Quelle bei einer silbischen Bedingung hat, die eine phonografische Schreibung zu einer silbischen Schreibung macht. Weitere Einzelheiten der Wirkung des silbischen Prinzips sind im Regelwerk niedergelegt.

Die beiden Formen unterscheiden sich darin, dass bei der ersten zwischen den Vokalen zwei Konsonanten stehen, bei der zweiten aber nur einer. Ist diese

Bedingung erfüllt, dann wird der Konsonantbuchstabe verdoppelt. Phonografisch ergibt sich für [toləm] zunächst (*tolem*). Diese phonografische Schreibung wird nun dem silbischen Prinzip unterworfen und wir erhalten die korrekte geschriebene Form *tollem*.

Um die Effekte des silbischen Prinzips einfach zu beschreiben, ist es nützlich, einige Begriffe aus der Silbenphonologie zur Verfügung zu haben. Im Gesprochenen ist die Silbe eine Einheit, die in der Regel aus mehreren Lauten besteht und zwar so, dass diese Laute artikulatorisch und auditiv eng aufeinander bezogen sind. Bei Explizitlautung hat jede Silbe einen vokalischen Kern, um den herum andere Laute, meist Konsonanten, angesiedelt sind. Die Laute vor dem Kern bilden den Anfangsrand der Silbe, die nach dem Kern bilden ihren Endrand. Für die Form [kalt] (*kalt*) sieht das wie in (a), für die Form [ʃtrumpf] (*Strumpf*) wie in (b) aus:

(2) Silbenbau

(a) [kalt]	Anfangsrand: [k]	Kern: [a]	Endrand: [lt]
(b) [ʃtrumpf]	Anfangsrand: [ʃtr	Kern: [u]	Endrand: [mpf]
(c) [kal.təs]			

Hat eine Form mehrere Silben und weiß man, wo die Silbengrenze liegt, dann wird diese durch einen tiefstehenden Punkt markiert (c.). Wir werden unten sehen, dass man das nicht immer weiß.

Hat eine Silbe keinen Anfangsrand wie z. B. die zweite Silbe in [droː.ən] (*drohen*), dann heißt sie nackt. Hat sie keinen Endrand wie in [ʃuː] (*Schuh*), dann heißt sie offen. Silben sind die Träger von Wortakzenten. Innerhalb eines Wortes ist im Deutschen jede Silbe entweder betont oder unbetont. Silben gliedern das Lautkontinuum oberhalb der Ebene der Einzellaute in größere Einheiten, deren Bau artikulatorisch und auditiv geregelt ist. Silben müssen sowohl gut artikulierbar als auch für das Ohr gut unterscheidbar (‚auditiv wahrnehmbar') sein. Sie geben den Formen lautliches Profil, haben aber – wie die Einzellaute – keine Bedeutung. Bedeutung haben im Deutschen nur morphologische Einheiten (s. u.).

Niemand weiß genau, wie viele Silben das gesprochene Deutsche hat. Das wird schon an der Komplexität von Silben wie [ʃtrumpf] deutlich. Die Zahl der möglichen Silben dürfte im Deutschen bei über 5.000 liegen. Viele der strukturell möglichen Silben kommen nicht vor, d. h. es besteht eine Reserve zur Bildung neuer Silben wie [ʃtruft] oder [ʃplat]. Damit ist auch festgestellt, dass eine Silbenschrift, die für jede Silbe ein eigenes Zeichen hat, für das Deutsche von heute kaum vorstellbar wäre. Zur Erinnerung: Das Japanische hat im Kernwortschatz weniger als 100 Silben und kommt deshalb mit seiner Silbenschrift gut zurecht.

In den vergangenen Jahren ist nun der Silbenbegriff auch auf geschriebene Formen des Deutschen übertragen worden, man spricht dann von Schreibsilben (Primus 2003). Die Form *kalt-tes* besteht wie die Form *tol-lem* aus zwei Schreibsilben, von denen jede aus Anfangsrand, Kern und Endrand besteht. Die Silbengrenze wird wie bei orthografischer Silbentrennung durch den Trennstrich angezeigt. Ein deutlicher Unterschied zwischen Sprech- und Schreibsilbe zeigt sich in Formen wie [toləm] und *tollem*. Während die gesprochene Form nur einen Konsonanten zwischen den Silbenkernen hat, weist die geschriebene an dieser Stelle zwei Konsonantbuchstaben auf. Jede der beiden Silben hat ihren eigenen Konsonantbuchstaben, während in der gesprochenen Form gar keine Silbengrenze existiert, sondern lediglich ein Konsonant, der zu jeder der beiden Silben gehört. In der ersten Silbe [tol] bildet das [l] den Endrand, in der zweiten Silbe [ləm] bildet es den Anfangsrand. Es verbindet die beiden Silben und heißt deshalb Silbengelenk. Wir können zwar feststellen, dass die Form zwei Silben hat, denn sie hat ja zwei Silbenkerne. Wo die eine aufhört und die andere anfängt, lässt sich aber rein segmental nur so formulieren, dass der Konsonant zu beiden Silben gehört. Häufig verwendete Formulierungen wie die Silbengrenze liege ‚im Konsonanten [l]' sind Metaphern. Es führt kein Weg an dem Schluss vorbei, dass Silbengrenzen in der gesprochenen Form keine eigene Materialität haben.

Was an diesem Beispiel deutlich wird, kann verallgemeinert werden. Die Schreibsilbe ist in vieler Hinsicht rein segmental strukturiert, sie besteht ja aus segmental voneinander isolierten Buchstaben. In den Sprechsilben sieht das teilweise anders aus. Die Verwendung des Begriffs Schreibsilbe hat zu vielen Vereinfachungen bei der Formulierung orthografischer Regeln geführt. Man braucht zwar ein paar neue Begriffe, aber diese kleine Investition zahlt sich vielfach aus.

Wir kommen zum dritten grundlegenden Prinzip der deutschen Orthografie, dem morphologischen. Jede Wortform des Deutschen besteht vollständig aus morphologischen Bestandteilen, das sind im Kernwortschatz in der Regel Stämme, Präfixe und Suffixe. So besteht die Form *Hand* nur aus einem Stamm, die Form *hand+lich* aus Stamm und Suffix, die Form *un+hand+lich* aus Präfix, Stamm und Suffix. Eine weitere Ausfaltung morphologischer Begrifflichkeiten benötigen wir zur Erläuterung des morphologischen Prinzips nicht. Festzuhalten bleibt aber zweierlei.

Erstens zeigt das Beispiel *unhandlich*, dass Silbengliederung und morphologische Gliederung zusammenfallen können. Markieren wir beide, ergibt sich *un+-hand+-lich*. Das muss aber nicht so sein. Für die Form *kaltes* beispielsweise ergibt sich *kal-t+es*, d. h. die morphologische Grenze liegt an anderer Stelle als die Silbengrenze. Das ist auch selbstverständlich, wenn man bedenkt, dass beide Typen von Einheiten vollkommen unterschiedliche Funktion haben. Anders als die Silbe hat das Morphem in den meisten Fällen semantische Funktion, es ist

Bedeutungsträger oder trägt zur Bedeutung der Gesamtform bei, egal, wo es im Wort steht. Das Morphem *es* beispielsweise zeigt an, dass die vorliegende Form eine des Neutrums im Nominativ oder Akkusativ Singular ist. Es hat diese Funktion unabhängig davon, ob es eine Silbe für sich bildet wie *blau+-es* oder ob das nicht der Fall ist.

Das morphologische Prinzip wirkt sich auf zweierlei Weise aus. In geschriebenen Formen wie *Fahrrad* oder gar *Betttuch* haben wir in den entsprechenden gesprochenen Formen bei Standardlautung nur einen Konsonanten zwischen den morphologischen Bestandteilen, also [faːrat] und [bɛtux]. Im Geschriebenen dagegen bleiben die Formen der Stämme, wie sie bei isolierter Verwendung auftreten, auch in Komposita erhalten. Aus *Bett* und *Tuch* ergibt sich *Betttuch*. Das Prinzip wird ganz mechanisch durchgehalten und macht, von ganz wenigen Sonderfällen abgesehen, auch vor zwei oder gar drei gleichen Buchstaben nicht halt. Dasselbe gilt grundsätzlich auch für Affixe. In Formen wie *ver+rohen* oder *Schrift+tum* hört man bei Standardlautung nur ein [r] bzw. [t], die aber aufgrund des morphologischen Prinzips in der geschriebenen Form verdoppelt sind. Das Prinzip, morphologischen Einheiten unabhängig von ihrer jeweiligen Umgebung in genau einer Form zu schreiben, stellt einen logographischen Zug unseres Schriftsystems dar. Dieser Zug ist nicht wie bei sehr alten Schriftsystemen (etwa dem ägyptischen oder chinesischen) ikonisch (bildlich) realisiert, er teilt mit ihnen aber die Eigenschaft, dass bedeutungstragende Einheiten unabhängig von ihrer Umgebung weitgehend dieselbe geschriebene Form haben.

Die zweite Ausprägung des morphologischen Prinzips stützt sich unmittelbar auf silbische Schreibungen. Es besagt, dass silbische Schreibungen, wie sie insbesondere in Langformen auftreten, auch außerhalb von solchen Formen erhalten bleiben. Bei den orthografischen Regeln in Abschnitt 3.1 finden sich immer wieder Formulierungen wie „Aufgrund des morphologischen Prinzips wird die Schreibweise des Stamms *geh* von der Langform auf verwandte Formen übertragen." Dazu nur zwei kleine Beispiele. In Langformen wie *gehen* oder *rohes* erscheint zwischen den Silbenkernen das sog. silbenöffnende *h*. Einige Einzelheiten sind in Abschnitt 3.1 dargestellt. Dieses *h* erscheint aufgrund des morphologischen Prinzips auch in verwandten Formen wie *gehst* und *roh*, die keine Langformen sind. Bewirkt wird, dass die Stämme *geh* und *roh* in den zugehörigen flektierten Formen überall dieselbe Form behalten. Dasselbe gilt für durch Wortbildung abgeleitete Wörter wie *begehbar* und *Rohling*. Oder nehmen wir die Schreibung *munter*, deren Standardaussprache [muntɐ] lautet. In der dreisilbigen Form *munterer* können wir das [r] hörbar machen und es gibt keinen Grund, für den Positiv eine andere Schreibung des Stammes anzusetzen als für den Komparativ, ganz abgesehen davon, dass die Explizitlautung dieses Stammes [muntər] lautet.

Das morphologische Prinzip führt nicht überall dazu, dass eine morphologische Einheit genau ein- und dieselbe Form hat. Dazu ist das Inventar verwandter Formen im Deutschen lautlich zu vielgestaltig. Das Prinzip sorgt aber dafür, dass sich verwandte Formen im Geschriebenen sehr weitgehend ähneln. Man spricht deshalb nicht einfach vom Prinzip Morphemkonstanz, sondern korrekter vom Prinzip der größtmöglichen Ähnlichkeit morphologischer Einheiten, sowohl der Stämme als auch der Affixe (weiter 3.1).

Die Hauptwirkung des morphologischen Prinzips liegt beim Lesen. Denn eine morphologische Einheit wird umso leichter erkannt, je einheitlicher ihre Form ist. Das morphologische Prinzip zeigt auch am besten, was mit der Feststellung gemeint ist, eine moderne Alphabetschrift wie die des Deutschen sei lautferner als ihre frühen Vorgängerinnen wie etwa das System der karolingischen Minuskel. Ganz entscheidend ist aber: Der silbische und der morphologische Zug führen nicht dazu, dass unsere Schrift gegenüber einer eher lautbezogenen irgendwie unsystematisch wäre. Welche Schrift für eine Sprache ‚die beste' ist, lässt sich nicht mit Festlegungen wie mehr oder weniger lautgetreu beantworten, sondern hängt davon ab, wie die Wortgrammatik der Sprache insgesamt aussieht. Vom Deutschen kann man sagen, dass sein Schriftsystem mit den Bezügen auf Phonografisches, Silbisches und Morphologisches höchst ausgeglichen und damit auch gut erlernbar ist.

2.2 Getrennt- und Zusammenschreibung

Anders als in der gesprochenen Sprache werden in der geschriebenen Sprache Wörter durch Zwischenräume (Wortabstände, Spatien) voneinander abgegrenzt. Geschriebene Texte bestehen damit aus einheitlichen Grundbausteinen. Abgesehen von Ziffern und Sonderzeichen sind das weitaus überwiegend Formen von lexikalischen Wörtern, wir sprechen im Folgenden einfach von Wörtern.

Wort vs. Wortgruppe und Phrase

Was als Wort gilt, ist im geschriebenen Text explizit gemacht. Beim Lesen kann man sich daran orientieren, und in der Tat ist das Spatium für das Lesen von allergrößter Bedeutung. Umgekehrt muss der Schreiber jeweils kenntlich machen, was er als Wort und was er als Wortgruppe verwendet. So lässt sich durch Getrennt- oder Zusammenschreibung das Wort *frühreif* von der Wortgruppe *früh reif* unterscheiden, die eine völlig andere Bedeutung als das Wort hat. Ebenso lässt die Schreibung *halbautomatisch* keinen Zweifel daran, dass wir es mit nur einem Wort zu tun haben. Seine Hauptbestandteile *halb* und *automatisch* bilden eine

Zusammensetzung, die normalerweise auf dem Erstglied betont ist (wir notieren den Hauptakzent mit, wo es wichtig erscheint: *hálbautomatisch)*. Dagegen besteht *hálb automátisch* aus zwei Wörtern, die zusammen eine Wortgruppe bilden. Normalerweise ist jedes der Wörter betont und man kann sich auch hier ohne weiteres Verwendungen vorstellen, in denen das Wort nicht genau dasselbe bedeutet wie die Wortgruppe: *Das Verfahren läuft halbautomatisch* vs. *Das Verfahren läuft halb automatisch, halb wird es von Hand gesteuert.*

Beim Formulieren von Regeln für die Getrennt- und Zusammenschreibung kommt es also darauf an, zwischen Wörtern einerseits und Wortgruppen oder syntaktischen Phrasen andererseits zu unterscheiden. Im Allgemeinen stellt sich die Frage nicht. So sind *fahren, verfahren, befahren, gefahren, gefährlich, ungefährlich* ohne Zweifel Wörter. Keines dieser Wörter lässt sich so in Bestandteile zerlegen, dass zwei mögliche Wörter entstehen. Umgekehrt ist ein Ausdruck wie *Sohn seiner Tochter* zweifelsfrei eine Phrase. Wie immer man zwei der nebeneinander stehenden Formen zusammenzieht: Es ergibt sich kein mögliches Wort. Probleme bei der Getrennt- und Zusammenschreibung können also nur dort auftreten, wo zwei oder mehr wortfähige Stämme gemeinsam erscheinen. Das ist etwa der Fall bei *abfahren, nachfahren, zurückfahren, Hinfahrt, Urlaubsfahrt, Fahrtenschreiber, Fahrdienstleiter, Gefährdungspotential.* Mit Ausnahme von *zurückfahren* wird aber kaum ein Schreiber Zweifel daran haben, dass es sich um Wörter handelt, also nur Zusammenschreibung in Frage kommt. Das ist, wie man sehen wird, für diesen Bereich sehr wichtig. In vielen Fallen sollte man beim Schreiben dem Sprachgefühl folgen, das wir mit unseren Regeln zu rekonstruieren versuchen.

Die Unterscheidung von Wort und syntaktischer Phrase erfordert einen handhabbaren Wortbegriff einerseits und ein handhabbares Phrasenkriterium andererseits. Es hat sich herausgestellt, dass man nicht alles, aber sehr vieles mit zwei einfachen Prinzipien erreichen kann:

1. Das Wortbildungsprinzip, vorgeschlagen in Jacobs 2005, besagt: Wenn eine Einheit auf einer Wortbildungsregel beruht, wird zusammengeschrieben. So beruht *Fahrtenschreiber* auf den Regeln zur Kompositabildung und ist deshalb ein Wort. Eine syntaktische Analyse mit den Wortformen *Fahrten Schreiber* gibt es bei normaler Verwendung der beiden Formen nicht. Es wird zusammengeschrieben.
2. Das Relationsprinzip, vorgeschlagen in Fuhrhop 2007: Wenn eine Einheit intern oder nach außen eine syntaktische Analyse hat, handelt es sich um eine Phrase. Hat sie keine, handelt es sich um ein Wort. Der Ausdruck *Sohn seiner Tochter* besteht syntaktisch aus dem Kernsubstantiv *Sohn* und dem Genitivattribut *seiner Tochter*, das seinerseits aus dem Artikelwort *seiner* und dem Kernsubstantiv *Tochter* des Attributs besteht, beide zusammen sind

Träger der Genitivmarkierung. Die syntaktische Analyse geht auf, eine morphologische gibt es nicht, Zusammenschreibung kommt nicht in Frage.

Beiden Gesichtspunkten folgt man schon, solange an der systematischen Fundierung von Getrennt- und Zusammenschreibung gearbeitet wird. Ihre einfache Gegenüberstellung ist trotzdem nützlich, weil sie die Pole Wort und Phrase als grundlegend präsent hält. Und natürlich haben beide ihre Probleme, schon weil sie von anderen komplizierten Begriffen Gebrauch machen.

Zu 1. Wie weit geht man mit dem Begriff Wortbildungsregel? Eine ‚gute' Regel macht Aussagen über die Kombination der Wortbestandteile. So steht bei *Haltungsschaden, Haltungsnote* fest, dass zwischen den substantivischen Bestandteilen ein Fugen-*s* eingeschoben wird. Wörter wie *trinkbar, denkbar* sind jedenfalls bildbar, wenn der Verbstamm transitiv ist. Aber es gibt auch mehrere Typen von anderen Bildungsregeln, namentlich sind das im Deutschen Univerbierung, Rückbildung und Inkorporation. Univerbierung liegt vor, wenn zwei regelmäßig nebeneinander stehende Wörter allmählich und manchmal über eine lange Zeit hinweg zu einem zusammenwachsen, wie das etwa bei *nachdem, obwohl, stattdessen* der Fall ist. Ab wann soll man sie als *ein* Wort ansehen? Und ist das ein Wortbildungsprozess im Sinne von 1.? (weiter 3.2, R29). Rückbildung: Eine produktive Wortbildungsregel besagt, dass man aus Verbstämmen wie in *lehren, denken, sparen* Substantive wie *Lehrer, Denker, Sparer* ableiten kann. Aus *Sparer* lässt sich dann *Bausparer* bilden, daraus per Rückbildung wiederum der verbale Infinitiv *bausparen.* Beruht er auf einem Wortbildungsprozess? Immerhin ist dieser Typ von Rückbildung wohl produktiv, auch wenn das rückgebildete Verb nicht gleich alle Flexionsformen hat, sondern beispielsweise nur infinite (Infinitiv oder Partizip 2). Rückbildungen sind generell umso produktiver, je produktiver die entsprechenden ‚Vorwärtsbildungen' sind. Inkorporation: Ein einzelnes Substantiv wie *Eisen* kann als direktes Objekt in der Konstruktion *Eisen verarbeitend* ins Partizip inkorporiert werden, es entsteht das Wort *eisenverarbeitend.* Es ist dann sowohl Getrennt- als auch Zusammenschreibung möglich. Auch dieser Prozess ist produktiv, vor allem für die Bildung von Partizipien. Schon das alte rückläufige Wörterbuch von Erich Mater (1965) enthält Dutzende solcher Wörter.

Zu 2. Ein berühmtes Beispiel vom anderen Pol ist *Klavier spielen.* In Ausdrücken wie *Sie spielt ein brillantes Schach* haben wir es mit einem direkten Objekt zu tun, aber bei *Klavier*? In *Sie spielt ein brillantes Klavier* hat *spielen* eine andere Bedeutung als im ersten Satz. Seit langem schon versucht man nun, die syntaktische Funktion von *Klavier* in *Sie spielt Klavier* genauer zu kennzeichnen. Das heißt aber nichts anderes als zuzugestehen, dass es nicht immer einfach ist, die Grenze syntaktischer Analysierbarkeit zu bestimmen. Syntaktische Analysen kann man sehr weit ausdehnen und sehr weit verfeinern.

Über die Neuregelung der Getrennt- und Zusammenschreibung

Die Getrennt- und Zusammenschreibung gilt als der misslungenste von allen Teilen der reformierten Orthografie. Der Orthografiespezialist Horst-Haider Munske nennt sie das Kuckucksei der Neuregelung, andere sprechen von einem Regelungswahn oder davon, dass dieser Teil der deutschen Orthografie eben prinzipiell nicht zu regeln sei. Auch bei der Zunahme der Rechtschreibfehler nach Einführung der Neuregelung liegt die Getrennt- und Zusammenschreibung vorn. Wie ist das zu erklären? Drei ganz unterschiedliche Gesichtspunkte dürften hauptverantwortlich sein.

Der erste beruht auf einem folgenreichen Satz aus der amtlichen Regelung von 1996 (Deutsche Rechtschreibung 1996: 41): „Bei der Regelung der Getrennt- und Zusammenschreibung wird davon ausgegangen, dass die getrennte Schreibung der Wörter der Normalfall und daher allein die Zusammenschreibung regelungsbedürftig ist." Es wird nur der eine beider Pole in den Blick genommen, der andere vernachlässigt. Bei der Umsetzung wurde daraus etwas wie „Schreibe im Zweifel getrennt", was nicht gemeint, aber naheliegend war und zu abenteuerlichen Regelüberschüssen mit Schreibungen wie *Gras grün, Blut befleckt, Start berechtigt, Kopf los* geführt hat. Solche Ausdrücke sind keine Phrasen, sie haben keine syntaktische Analyse, sondern sind einfach ungrammatisch.

Der zweite Grund ist, dass nirgendwo so tief in das Inventar möglicher Schreibungen eingegriffen wurde wie bei der Getrennt- und Zusammenschreibung. So wurde der gerade beschriebene Inkorporationsprozess einfach außer Kraft gesetzt, Wörter wie *wasserabstoßend, ölfördernd, fleischfressend* sollte es nicht mehr geben, obwohl man sie überall finden konnte. Andererseits wurden auch nichtetablierte Zusammenschreibungen erzwungen, beispielsweise solche mit *irgend* von *irgendwo* bis *irgendetwas, irgendjemand* usw. Bei den Autoren der Neuregelung war immer wieder von Ordnung schaffen, Stärken und Verallgemeinern der Grundregeln, Vollständigkeit des Regelwerks und Ähnlichem die Rede. Damit erhebt man sich über die Schreibwirklichkeit und behauptet, den Schreibern aufgrund der eigenen Einsichten etwas Gutes zu tun. Aber so funktioniert eine natürliche Sprache nicht. Wie tatsächlich geschrieben wird, kann man als Wissenschaftler zu verstehen versuchen. Was man nicht ganz versteht, soll man gar nicht erst anfassen. Wir sind nicht die Herren der Sprache, auch nicht die Herren der Orthografie.

Der dritte Grund ist besonders interessant, weil er Allgemeines über den Gegenstand ‚sprachliche Normen' ins Spiel bringt. Wie kommt es eigentlich, dass von den unendlich vielen Eigenschaften sprachlicher Einheiten bestimmte und vergleichsweise wenige der Bewertung von richtig und falsch oder auch nur gut oder schlecht unterworfen werden? Bei manchen kann man sagen, sie verstoßen gegen offensichtliche Systemeigenschaften wie bei *Ordnungs liebend, des neuem*

Buche, sie esste, er wurde gehen. Um sie geht es aber im Allgemeinen weniger als um solche wie *gewinkt/gewunken, trotz des Regens/dem Regen, den Löwen/Löwe, weil sie kommt nicht/sie nicht kommt.* Der Schweizer Germanist Walter Haas (1998) hat in einer schönen Arbeit über die Aussprache von Wörtern in einem hessischen Dialekt deutlich gemacht, dass ein Normproblem genau dann auftritt, wenn eine sprachliche Erscheinung in einem Normdiskurs auftritt, vereinfacht: Wenn es eine explizite Auseinandersetzung darüber gibt.

Vor längerer Zeit hatte ich Gelegenheit, mit einem amerikanischen Kollegen die Frage zu besprechen, warum die Eigennamengroßschreibung im (amerikanischen) Englisch weitgehend problemlos funktioniert und im Deutschen so große Probleme macht (2.4). Seine Antwort: Würden wir das Thema so breittreten wie ihr, hätten wir auch dieselben Probleme. Wir konnten das bisher glücklicherweise vermeiden.

Die Getrennt- und Zusammenschreibung hatte vor der Neuregelung einen marginalen Status im Rechtschreibdiskurs. Die Regeln waren kurz, unvollständig und wenig aussagekräftig, die Zahl der angestrichenen Rechtschreibfehler war gering. Der Textumfang beträgt jetzt ein Vielfaches der alten Regelung. Man hatte sich vorgenommen, diesen Bereich endlich als Ganzen durchzuregeln und ihm das eigene Normverständnis aufzudrücken. Das konnte nur schiefgehen. Jetzt sind alle schlafenden Hunde geweckt und es wird niemals mehr gelingen, sie wieder einzuschläfern. Deshalb kann in Abschnitt 3.2 nur versucht werden, das Beste aus der gegebenen Situation zu machen. Verbesserungen sind durchaus möglich, die Forderung nach Rückkehr zur alten Regelung ist dagegen einfach nicht realistisch. Womit man dabei zu rechnen hätte, zeigt das folgende Beispiel.

Eine der umstrittensten orthographischen Neuregelungen betrifft Komposita mit zwei Verbstämmen wie *sitzenbleiben, hängenbleiben, liegenbleiben, stehenbleiben, sitzenlassen, stehenlassen.* Neben dem Einzelfall *kennenlernen* gehören die genannten sechs Verben mit *bleiben* oder *lassen* als zweitem Bestandteil zu den häufigsten Fällen dieser Art.

Die alte Regelung besagt, dass bei übertragener Bedeutung zusammengeschrieben wird (*in der Schule sitzenbleiben*), während bei ‚wörtlicher' Bedeutung getrennt zu schreiben ist (*am Tisch sitzen bleiben*). Die Neuregelung von 1996 schreibt generell Getrenntschreibung vor, während nach den Korrekturen von 2006 bei übertragener Bedeutung Zusammenschreibung zugelassen, aber nicht vorgeschrieben wird. Man wollte eine Bedeutungsdifferenzierung ermöglichen, sie aber nicht wie vor 1996 erzwingen. Unter Normgesichtspunkten ist der Fall insofern interessant, als er die Auswirkungen von drei unterschiedlichen Regelungen auf den Schreibgebrauch sichtbar macht.

Eine Untersuchung an der Universität des Saarlandes in Kooperation mit Wahrig und Duden unter Leitung von Manfred Pinkal, die mit computerlinguistischen Methoden riesige Textkorpora auswertet, gibt Aufschluss über die Entwicklung des Schreibgebrauchs zwischen 1993 und 2013. Zugrunde liegt das Wahrig-Korpus mit Pressetexten im Gesamtumfang von etwa drei Milliarden Wörtern (Horbach u. a. 2016). Für die oben genannten sechs Einheiten griff man per Zufall je 1.000 heraus, davon jeweils die Hälfte in Getrennt- und Zusammenschreibung. Diese wurden von Rechtschreibexperten per Hand nach übertragener vs. wörtlicher Bedeutung geordnet. Das Ganze wurde dann noch einmal maschinell wiederholt, weil man an einem Werkzeug interessiert ist, dass solche Erhebungen automatisch vollzieht. Es kommt in unserem Zusammenhang nicht auf Einzelheiten der aufgetretenen Klassifizierungsprobleme und die komplizierten Verfahren zur Verbesserung der maschinellen Analyse an. Wichtig ist nur, dass die Tendenzen der händischen Analyse recht gut auch bei maschineller Analyse sichtbar werden. Die Graphik in (1) fasst sie zusammen.

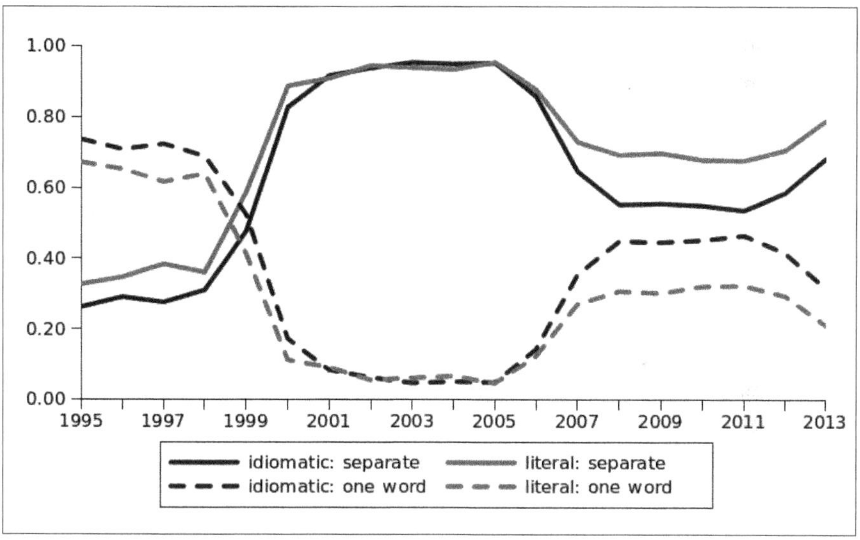

(1) Entwicklung von Getrennt- und Zusammenschreibung

Sowohl vor der Neuregelung als auch nach 2005 (als die in Rat Hg. 2006 amtlich gewordenen Veränderungen vorlagen und wirksam wurden) gibt es starke Unterschiede zwischen Regel und Schreibgebrauch. Zwar war vor 1996 die Zusammenschreibung bei übertragener Bedeutung am häufigsten, aber auch bei wörtlicher Bedeutung wurde die Zusammenschreibung viel verwendet, so dass man insgesamt von einer Tendenz in dieser Richtung zu sprechen hat. Dem wurde 1996 ein Ende gesetzt. Die Norm erzwang Getrenntschreibung und diese wurde – wie in zahlreichen anderen Fällen – als vermeintlich generelle Anordnung der neuen Regeln auch vollzogen. Ab 2005 nehmen die Zusammenschreibungen wieder zu, und zwar bei übertragener Bedeutung stärker als bei wörtlicher. Dominant bleibt Getrenntschreibung, unabhängig von der Bedeutung. Der frühere Trend zur Zusammenschreibung wurde bisher nicht wieder hergestellt. Die Normänderung hat ihn insgesamt so geschwächt, dass unklar bleibt, wie Norm und Schreibgebrauch aufeinander abgestimmt werden können. Oder anders gesagt: Im Augenblick wäre jeder Versuch sinnlos, Norm und Gebrauch miteinander zu versöhnen. Trotzdem kann die Reglung von 2006 noch immer am ehesten vertreten werden.

Mancher Kritiker der Neuregelung wird sich gerade bei der Getrennt- und Zusammenschreibung fragen, warum wir der geltenden amtlichen Regelung folgen. Immerhin sind viele der besonders problematischen Vorschriften schon 2006 geändert worden. Aber im Prinzip tun wir es, weil unser Regelwerk keine neuen Schreibungen anstrebt, sondern lediglich eine andere Formulierung der Regeln, jedenfalls soweit das möglich ist. Das ist keine Kleinigkeit, aber was hülfe es, wenn sich wieder jemand zum Herren der Orthografie erhöbe?

2.3 Bindestrich

Wie der Abkürzungspunkt (*usw., d.h.*) und er Apostroph (*er ist's, Max' Freund*) gehört der Bindestrich zu den Wortzeichen. Aber anders als die beiden anderen wird er im amtlichen Regelwerk nicht bei der Zeichensetzung abgehandelt, ihm ist vielmehr ein eigener Hauptabschnitt gewidmet. Und in der Tat hat der Bindestrich, der gegenüber dem Gedankenstrich kurz und durch keine Spatien systematisch nach links und rechts von seiner Umgebung abgetrennt ist, besondere und besonders vielfältige Verwendungen. Das beginnt damit, dass der Bindestrich als im Vergleich zum Gedankenstrich ‚kurzer' Strich über der Grundlinie im Mittelband, bei den Druckern auch ‚der Divis' oder ‚Viertelgeviertstrich', selbst schon mehrere Verwendungen hat, nämlich als Silben-Trennstrich am Zeilenende (2.6) und als Ergänzungsstrich, wie er bei nebenordnenden Konjunktionen *und, oder, aber, sondern* in Erscheinung tritt. So wird aus der Koordination *Raubfische oder Friedfische* die verkürzte Form *Raub- oder Friedfische,* entsprechend *Raubfische und -vögel* oder auch beidseitig wie in *Gemüseein- oder -verkäufer.* In solchen Fällen kann die vollständige Einheit ohne Schwierigkeiten ermittelt werden. Im Folgenden geht es allein um die Verwendung des Divis als Bindestrich.

In seiner Verwendung als Bindestrich, die im Deutschen eine lange Geschichte hat, finden sich allgemeine Kennzeichnungen, die darauf abheben, dass dieses Zeichen eine Zwischenstellung oder eine Doppelfunktion hat (ausführlich Buchmann 2015: 217–289). Er gilt sowohl als Binde- wie als Grenzsignal oder als zwischen Morphologie und Syntax angesiedelt. Allgemein wird vorausgesetzt, dass der Bindestrich, wo er auch durch Getrennt- oder Zusammenschreibung ersetzt werden kann, keine Veränderung der Bedeutung hervorruft. Seine Funktion liegt woanders, nämlich beim Lesen: Er steht, wo er das Lesen erleichtern kann. Man hat ihn deshalb auch ein Komfortsignal genannt.

Seine Stellung zwischen Morphologie und Syntax wird ganz deutlich, wo er dazu dient, sog. Phrasenkomposita graphematisch zu Wörtern zu machen. In Ausdrücken wie *ein ewiges Sowohl-als-auch, das Auf-die-lange-Bank-Schieben* macht man Wortreihen durch Bindestrich zu Substantiven: Solche Ausdrücke haben ein Genus, sind artikelfähig und können jede Form von Attributen haben. Ihr erster Bestandteil wird, wie es sich für Substantive gehört, großgeschrieben, darüber hinaus alle ihre substantivischen Bestandteile.

Die meisten weiteren vorgesehenen oder möglichen Verwendungen des Bindestrichs lassen sich unter zwei Prinzipien zusammenfassen. Mit Bindestrich verbunden werden einmal solche Einheiten, deren Bestandteile im einen oder anderen Sinn deutlich voneinander unterschieden sind. Das gilt beispielsweise dort, wo Abkürzungen, Ziffern, einzelne Buchstaben oder objektsprachliche Ausdrücke als erste Bestandteile von Komposita auftreten wie in *LKW-Maut, 80-prozentig, f-moll, dass-Satz, Fugen-s* (In einigen dieser Fälle kann auch anders geschrieben werden, zu weiteren Einzelheiten die Regeln in 3.3). Einen Grenzfall stellen in dieser Hinsicht Eigennamen dar. Als erster Bestandteil werden sie häufig abgetrennt (*Beethoven-Sonate*), als zweiter Bestandteil immer (*Werkzeug-Schade*), bei der Kombination von Eigennamen steht ebenfalls ein Bindestrich (*Berlin-Tegel, Müller-Wohlfahrt, Heinrich-von-Kleist-Museum*). Auch hier kann teilweise anders geschrieben werden.

Mit Bindestrich verbunden werden – meist fakultativ – solche Zusammensetzungen, die aus dem einen oder anderen Grund schwer zu analysieren sind. Das gilt einmal für den Bindestrich in langen Komposita, wo er an der Hauptfuge gesetzt wird (*Haushaltsversicherungs-Police*) oder wo es zu Missanalysen kommen kann (*Druck-Erzeugnis* vs. *Drucker-Zeugnis*). Auch wo die Fuge durch drei gleiche Buchstaben ‚übermarkiert' ist, wird der Bindestrich empfohlen (*Tee-Ei, Stoff-falte*). Im amtlichen Regelwerk findet sich für den Bindestrich in Zusammensetzungen die Formulierung „Man kann einen Bindestrich setzen zur Hervorhebung einzelner Bestandteile, zur Gliederung unübersichtlicher Zusammensetzungen, zur Vermeidung von Missverständnissen oder beim Zusammentreffen von drei gleichen Buchstaben." (Rat Hg. 2006: 50). Die Regel besagt praktisch, dass man in allen Komposita einen Bindestrich setzen kann und sie ist auch so interpretiert werden. In sog. Leichter Sprache, deren Verwendung gegenwärtig epidemisch um sich greift, werden alle Komposita mit Bindestrich geschrieben.

Für Adjektivkomposita nimmt man teilweise an, dass Kopulativkomposita mehr oder weniger konsequent durch Bindestrich markiert sind (*süß-sauer, deutsch-schweizerisch*). Hier ist allerdings eine Grenze für die Bedeutungsneutralität des Bindestrichs erreicht, denn ein *deutschschweizerisches Produkt* ist etwas anderes als ein *deutsch-schweizerisches.* Bei komplexen Adjektiven, zum Beispiel solchen auf *isch*, ist Zusammenschreibung gar nicht möglich, wir haben allein *der amerikanisch-israelische Vertrag.*

Eine interessante Wendung der Bindestrichschreibung beobachten wir bei Anglizismen. Vorgeschrieben ist der Bindestrich bei Ausdrücken wie *Check-out, Play-back, Know-how, Lay-out,* was vielleicht in Fällen wie *Knowhow* oder *Goin* tatsächlich eine Leseerleichterung ist. Aber das ist nicht alles.

Im Englischen folgt die Bildung von Zusammensetzungen anderen Regeln als im Deutschen. Dort haben wir einerseits Zusammenschreibungen wie *hardcash, hardware, hardwood,* andererseits Getrenntschreibungen wie *hard labour, hard money, hard rubber.*

Werden solche Verbindungen im Deutschen verwendet, dann kann man sie als Zitatausdrücke wie im Englischen schreiben. Werden sie jedoch ins Deutsche übernommen oder im Deutschen aus englischen Bestandteilen gebildet, dann sind sie nicht als englisch, sondern als Anglizismen im Deutschen anzusehen. Entsprechend werden sie geschrieben. Zusammenschreibung ist gefordert, wenn sie sich wie Zusammensetzungen im Deutschen verhalten, und das heißt vor allem: wenn sie auf dem ersten Bestandteil betont sind. Wir schreiben deshalb *Hárdcover, Hárdliner, Hárdtop, Hárdware.* In anderen Fällen kann ebenfalls der erste Bestandteil betont sein, daneben ist aber auch Betonung beider Bestandteile möglich. Es kann dann sowohl zusammen- als auch getrennt geschrieben werden, z.B. *Hardcopy/Hard Copy, Hardrock/Hard Rock.* Gerade hier findet sich häufig auch die Schreibung mit Bindestrich, die auf eine Teilintegration in den Kernwortschatz hinweist. In zahlreichen weiteren Fällen liegt der Akzent normalerweise gar nicht auf dem ersten Bestandteil, es wird nur getrennt geschrieben: *Electronic Banking, High Society, Missing Link, Personal Computer.* Solche Verbindungen konnten nach der Regelung von 1996 zusammengeschrieben werden. Die jetzt gültige Regelung orientiert sich daran, wie weit eine Verbindung den deutschen Wortakzentregeln folgt, d. h. wie weit sie als Wort ins Deutsche integriert ist.

Nun ist ja bekannt, dass Zusammensetzungen mit Fremdwörtern als erstem Bestandteil häufiger mit Bindestrich geschrieben werden als solche ohne Fremdwortanteil (Typ *Physiologen-Tagung, Amateur-Mannschaft*). Das ist mit den oben skizzierten Verwendungsgrundsätzen für den Bindestrich gut vereinbar. Speziell für Anglizismen wissen wir, dass sie noch in den 90er Jahren mit dem Integrationsziel Zusammenschreibung verwendet wurden (*Beatgeneration,*

Cherrybrandy), der Bindestrich trat als Zwischenstufe auf. Heute scheint es eher so zu sein, dass der Bindestrich als Fremdheitsmerkmal erhalten bleibt und erst verschwindet, wenn ein Wort tatsächlich mit weiteren Eigenschaften integriert wird. Das sind bisher Vermutungen aufgrund auffälliger Schreibungen wie *Desktop-Publishing, Shopping-Mall, Hair-Stylist, Baseball-Team, Manager-Party, Body-Artist*. Ihre Evaluierung wäre wohl von Interesse, wäre aber auch aufwendig. Sie müsste sich auf riesige Datenmengen stützen, um aussagekräftig zu sein.

2.4 Groß- und Kleinschreibung

Große und kleine Buchstaben

Die aus der römischen Antike auf uns gekommene Kapital- oder Monumentalschrift ähnelt weitgehend unseren Großbuchstaben. Mit ihr wurden vollständige Texte geschrieben, d. h. eine Unterscheidung von Groß- und Kleinbuchstaben gab es nicht. Es gab aber schon Schriften, die dem Handschreiben besser angepasst waren als die Capitalis und aus heutiger Sicht eher den Charakter von Minuskelschriften hatten (z. B. die sog. Unziale; Bischoff 1979: 83ff.). Minuskelschriften wurden in nachrömischer Zeit dominant und in zahlreichen Varianten entwickelt. Zu den wichtigsten gehört die karolingische Minuskel, die in der Zeit der Karolinger vereinheitlicht und als Schriftform standardisiert wurde. In karolingischer Minuskel geschriebene Texte hatten viele Merkmale einer Sriptio continua, also einer mehr oder weniger kontinuierlich fortlaufenden Folge von Buchstaben. Sie kann als Ausgangspunkt einer Entwicklung zu modernen Alphabetschriften mit ihren vielfältigen Möglichkeiten zur wortinternen wie wortübergreifenden Gliederung angesehen werden.

Eine dieser Möglichkeiten bestand in der Verwendung von Buchstaben der Capitalis in Texten, die in Minuskelschrift geschrieben waren. Wir haben es dabei also mit der Mischung zweier Varianten des lateinischen Alphabets zu tun, deren Entstehungszeiten weit auseinander liegen und die sich so stark voneinander unterscheiden, dass Verwechslungen ausgeschlossen sind. Der Capitalis kam dabei von vornherein die Rolle einer Markierung von textuellen Besonderheiten zu, sei es die Auszeichnung von Initialen, von besonderen Wörtern, von Überschriften usw. Dabei ist es im Prinzip bis heute geblieben. Die Kleinbuchstaben stellen den Normalfall dar, die Großbuchstaben den besonderen. Eigentlich kann man einfach von Großschreibung sprechen mit der Grundregel, wie sie sich unter der Bezeichnung ‚Elsewhere-Rule' in vielen Breichen der Sprachwissenschaft durchgesetzt hat: Schreibe groß, wo es verlangt ist, in allen übrigen Fällen (sonst, ‚elsewhere') schreibe klein. Genau so ist der Regelteil zur Groß- und Kleinschreibung in 3.3 aufgebaut. Von Kleinschreibung ist nur gelegentlich und bei besonderen Abgrenzungen die Rede, im Allgemeinen geht es um die Frage, wann großgeschrieben wird.

Das Ausmaß der Großschreibung im Gegenwartsdeutschen ist innerhalb unseres Schriftenkreises etwas Besonderes. Ihr Kern ist die Großschreibung von Substantiven, und da steht das Deutsche allein. Als letzte andere Sprache wurde die Großschreibung im Jahr 1948 für das Dänische abgeschafft, nicht zuletzt als Reaktion auf die deutsche Okkupation während der Nazizeit. Viele Sprachen verwenden noch etwas wie die gemäßigte Kleinschreibung, deren Kern die Großschreibung von Eigennamen darstellt. Lange Zeit galt dies auch als *das* Hauptanliegen einer Orthografiereform für das Deutsche, der Schritt wurde aber von den die Neuregelung begleitenden politischen Instanzen ausgeschlossen. Letztlich haben die neuen Regeln nicht zu weniger, sondern zu mehr Großschreibungen geführt als vor 1996 verbindlich waren.

Substantive

Von einer zumindest makrostrukturell kontinuierlichen Entwicklung kann seit Gutenberg, jedenfalls aber seit Luthers Bibelübersetzungen gesprochen werden. Und glücklicherweise liegt für das in dieser Beziehung wichtige 16. und 17. Jhdt. eine empirische Untersuchung vor (Bergmann/Nerius u. a. 1998). Die Entwicklung der Großschreibung verläuft trotz gewisser Diskontinuitäten vor allem im Verlauf des 17. Jhdts. nach dem Muster der Orthografieentwicklung überhaupt, d. h. sie verläuft in Richtung einer grammatischen Fundiertheit.

Haupttendenz: Die Großschreibung nimmt zu und dehnt sich im Rahmen der mit Abstand größten Wortklasse, eben dem Substantiv, auf immer mehr Inhaltsbereiche aus. Von Personen- und geografischen Namen und natürlich Nomina sacra schreitet man fort zur Großschreibung von Tier- und Pflanzennamen, von Maßbezeichnungen und Substantiven aus anderen Sachgebieten. Die Großschreibung ist nicht durch die Zugehörigkeit solcher Wörter zu den Substantiven motiviert, sie betrifft aber weit überwiegend Substantive. Das führt dazu, dass in der zweiten Hälfte des 17. Jhdts. nichtsubstantivische Großschreibungen allmählich weniger werden. Neben der Funktion zur Gliederung von Texten als Satzzeichen und von Höflichkeitsformen zeichnet die Großschreibung mehr und mehr die grammatische Kategorie Substantiv aus.

Nach ihrer Etablierung im 18. Jhdt. tritt eine Entwicklung ein, die immer genauer auf den grammatischen Begriff in einem strengeren Sinn abhebt. So finden sich im 19. Jhdt. beispielsweise noch zahlreiche Großschreibungen von Pronomen wie *Mancher, Vieles, Jemand*, die man großschreibt, weil sie im Satz ähnliche Funktionen haben können wie ausgebaute Nominalgruppen (Ngr) (*Das* wird *Mancher nicht akzeptieren – Das sieht mancher Sprecher anders*). Und bis zur Neuregelung von 1996 schrieb man desubstantivierte Wörter wie in *im allgemeinen, des weiteren, im ganzen* klein, jetzt ist Großschreibung vorgeschrieben. Es kommt also darauf an, welchen Begriff von Substantiv man zugrunde legt, um ihre Großschreibung zu regeln. Unserer Meinung nach kommt man ihm am ehesten auf die Spur, wenn man die historische Entwicklung sprechen lässt. Das Ergebnis ist dann nicht ein vielschichtiger, in sich widersprüchlicher, sondern ein grammatischer Begriff: Ein Substantiv ist ein Wort, das als Kern einer ausgebauten Nominalgruppe fungieren kann, das ist eine Nominalgruppe mit einem Artikelwort und mit Attributen. Man sieht dann etwa, dass im Syntagma *im allgemeinen* die erste Bedingung durch die Verschmelzung *im* aus Präposition und Artikel im Ansatz erfüllt ist, die zweite aber nicht, und wir führen es genau darauf zurück, dass man früher kleinschrieb. Selbstverständlich kann die lange und ausführliche Diskussion dieser Frage hier nicht adäquat wiedergegeben werden. Es soll aber kein Hehl daraus gemacht werden, dass nach Auffassung des Autors die geltende Reglung über das im Jahr 2006 Erreichte hinaus vereinfacht werden sollte, indem man den Entwicklungsstand der alten Orthografie respektiert.

Dass die Entwicklung der Substantivgroßschreibung so zielgerichtet verlief, ist vielleicht erstaunlich. Mindestens ebenso erstaunlich ist aber, dass sie seit ihrer Etablierung allen Liquidierungsversuchen widerstanden hat. Die waren ebenso zahlreich wie intensiv und teilweise geradezu aggressiv. Es gab sie während des gesamten 19. und 20. Jhdts., Jacob Grimm war keineswegs der Erste und erst recht nicht der Letzte, der sich für ihre Abschaffung einsetzte. Einen Höhepunkt erreichten die Aktivitäten im Vorfeld der Neuregelung. Die Stuttgarter Empfehlungen (1954) nannten an erster Stelle die Einführung der gemäßigten Kleinschreibung, ebenso wie die Wiesbadener von 1958, die Wiener von 1973 und die Vorschläge der DDR für die Neuregelung. Radikal formulierte Unterstützung kam von der Nach-68er-Bewegung ‚vernünftiger schreiben' (Drewitz/Reuter Hg. 1974). Ihr Frankfurter Kongress im Jahr 1973 vereinte alles, was sich als progressiv verstand, vom PEN-Zentrum bis zur GEW. Aus der GEW kam der Vorschlag, die Kleinschreibung notfalls durch einen „gewerkschaftlich organisierten Boykott" zu erzwingen, und es gab jede Menge verbalradikaler Anklagen der geltenden Rechtschreibung wie sie sei „dumm, inkonsequent, irrational, überkompliziert, unbequem" vom Berliner Literaturwissenschaftler Gerhard Bauer oder in ihr stünden „pseudogrammatische, pseudodifferenzierende und pseudoästhetische kriterien" völlig willkürlich nebeneinander vom Duisburger Sprachwissenschaftler Siegfried Jäger.

Man kann die Erzwingung einer vermehrten Großschreibung in der Neuregelung von 1996 ohne weiteres als einen Akt politischen Opportunismus' ansehen, zumal sie nach allem, was man heute über ihre grammatische Fundierung weiß, zu weit ging und deshalb in der Revision von 2006 teilweise, aber nicht im eigentlich erforderlichen Umfang, zurückgenommen wurde. Umso wichtiger ist auch an dieser Stelle der Hinweis auf ihre Funktion, die vor allem bei der Erleichterung des leisen Lesens liegt. Der Kampf um ihre Abschaffung war weitgehend aus der Perspektive des Schreibens und des leichten Schreibenlernens begründet. Damit sind wir erneut bei dem grundsätzlichen Missverständnis, das teilweise noch immer die Sicht auf unsere Orthografie bestimmt: Sie ist wie sie ist, damit das Lesen und nicht damit das Schreiben erleichtert wird. Sie zu lernen ist leichter als beispielsweise im Französischen und im Englischen, aber leicht ist es nicht. Keine Didaktik, keine Lehrergewerkschaft und keine Konferenz von Kultusministern hat das Recht, sich an ihr zu vergreifen. Und schon gar nicht hat die Germanistik dieses Recht, der ja die Erforschung des Deutschen und die Aufklärung über das Deutsche am Herzen liegen sollte.

In einem Aufsatz aus den 50er Jahren schreibt der damals bekannte Sprachhistoriker Rudolf Hotzenköcherle (1955: 7): „Die moderne deutsche Syntax ist gleichsam am Geländer der Großschreibung emporgewachsen. Großschreibung und Struktur der deutschen Sprache der Gegenwart – vor allem: der deutschen Syntax – stehen also in einem zwar nicht ursprünglichen, aber im Laufe der Zeit immer enger zusammenhängenden organischen Verhältnis zueinander. Man kann nicht das eine wegnehmen, ohne das andere zu gefährden.“

Gemeint ist in erster Linie der Bau von Nominalgruppen. In eine NGr wie *das uns allen vertraute Liedgut, das wir selbst ebenso gern gelernt wie weitergegeben haben* ist der Kern durch Großschreibung markiert und damit visuell herausgehoben. Das Beispiel wurde so konstruiert, dass der Kern das einzige Substantiv überhaupt ist. Das ist meistens nicht der Fall, aber weitaus überwiegend ist der Kern das erste Substantiv der Gruppe. Substantive im pränuklearen Bereich kommen vergleichsweise selten vor, d. h. der Kern ist im Allgemeinen für das Auge gut markiert und schließt gleichzeitig die sog. Nominalklammer aus Artikelwort und Kern nach rechts ab.

Nimmt man Hotzenköcherles Aussage ernst, dann ist es durchaus sinnvoll, die Großschreibung nicht nur als Reflex der grammatischen Kategorie Substantiv anzusehen, sondern sie – vorausgesetzt die Großschreibung ist nicht normativ vom Schreibgebrauch abgetrennt – als Anzeichen für das Auftreten von Substantiven anzusehen. Mit dem Dictum „Substantive werden großgeschrieben und was ein Substantiv ist, erkennt man an der Großschreibung“ wird die Großschreibung seit langem ridikülisiert. Das ist ein Fehler, solange man den Schreibgebrauch ernst nimmt: Was großgeschrieben wird, halten die Schreiber für Substantive. Das hat die Sprachwissenschaft zu rekonstruieren, nicht aber durch ihre eigene Auffassung zu konterkarieren.

Aus der Leseforschung weiß man längst, dass schneller gelesen wird, wenn die Substantive großgeschrieben sind, als wenn ein Text gleichmäßig in Kleinschreibung erscheint. Man hat sogar festgestellt, dass Muttersprachler des Niederländischen schneller lesen, wenn man ihnen Texte ihrer Sprache in deutscher Großschreibung zu lesen gibt und sie ein wenig an diese ungewohnte Schreibweise gewöhnt (Gfoerer u.a. 1989; Bock u.a. 1989). Das war seinerzeit eine ganz unerwartete Bestätigung der seit jeher unterstellten Funktion der Großschreibung zur Gliederung und Hervorhebung. Die Sprache ist voller überaus positiver Überraschungen, wenn wir sie nehmen, wie sie ist.

2.5 Zeichensetzung

Interpunktionszeichen

In der Zeichensetzung (auch Interpunktion) werden die Regelmäßigkeiten beschrieben, die für die Verwendung von etwa einem Dutzend Zeichen gelten. Sie haben formal nichts mit dem Alphabet zu tun, sind aber als visuell besonders auffälliger Ausdruck einer zunehmend wichtigen Gliederung der reinen Buchstabenreihe anzusehen, die wir als Scriptio continua der Karolingerzeit zum Ausgangspunkt der Entwicklung unseres Schriftsystems machen (2.4). Die Verwendung der Interpunktionszeichen ist alt, ihr Bestand seit mehr als zweihundert Jahren unverändert. Die Regelmäßigkeiten ihrer Verwendung haben sich in dieser Zeit aber durchaus noch entwickelt, und zwar wie sonst auch mit einer Tendenz zu fortschreitender grammatischer Fundierung.

Wie man ein Regelwerk zur Zeichensetzung am besten aufbaut, liegt nicht unmittelbar auf der Hand. Scheinbar übersichtlich ist die Darstellung Zeichen für Zeichen (z. B. Baudusch 1984). Ihr Nachteil ist, dass bei jedem einzelnen Zeichen seine verschiedenen Funktionen abzuhandeln sind, dazu in nicht offensichtlicher Ordnung die Beziehungen zwischen den Zeichen.

Dem diametral entgegengesetzt ist eine funktionsbasierte Darstellung wie bei Bredel (2011). Sie beginnt schon bei der funktionsgerichteten Formanalyse der Zeichen selbst und ordnet diese nach ihrer Funktion in syntaktische, kommunikative und Defektivitätszeichen. Der Ansatz ist instruktiv, schon weil man zahlreiche Funktionalitäten erkennt, mit denen sonst nicht oder nicht so gerechnet wird. Aber natürlich ist eine derartige Ordnung als solche deutungsbedürftig und natürlich ist es auch hier schwierig, die Gesamtheit der Verwendungsmöglichkeiten jedes einzelnen Zeichens unter den Hut einer einfachen Darstellung zu bringen.

In einem Regelwerk stehen, anders als etwa in einer historisch oder systematisch orientierten Darstellung, neben Angemessenheit in der Sache immer auch Übersichtlichkeit und praktische Bedeutung der Zeichen im Vordergrund. Wir folgen deshalb bei der Gliederung unserer Regeln in Abschnitt 3.5 zunächst der vielfach erprobten und bewährten Grundeinteilung grammatischer Aussagen in wortbezogene einerseits und auf größere Einheiten wie Wortgruppen, Phrasen und Sätze bezogene andererseits und unterscheiden in diesem Sinn Wortzeichen von Satzzeichen. Zu ersteren gehören Apostroph, Bindestrich und Schrägstrich, zu den Satzzeichen gehören Punkt, Fragezeichen, Ausrufezeichen, Komma, Semikolon, Gedankenstrich, Klammern, Doppelpunkt und Anführungszeichen. Wo ein Satzzeichen stehen kann oder stehen muss, lässt sich meist angeben, wenn Bezug auf die grammatische Gliederung des jeweiligen Ausdrucks genommen wird. Es gibt aber auch Vorkommen, die grammatisch kaum oder nur sehr allgemein fassbar sind.

Diese Gliederung teilt die Zeichen ebenfalls nicht in disjunkte Klassen. Am Schluss eines Satzes ist der Punkt ein Satzzeichen, bei Abkürzungen ist er meist ein Wortzeichen. Auch Klammern sind in der Regel Satzzeichen, können aber durchaus wortintern verwendet werden, z. B. in Formen wie (haupt)beruflich, un(ver)mittelbar, der Klein(st)e. Ähnlich der Schrägstrich.

Trotz solcher Überschneidungen bleibt die Unterscheidung von Wortzeichen und Satzzeichen sinnvoll, weil sie die Systematik der Zeichensetzung erhellt. Und keinesfalls sollte man die Zeichensetzung auf die Verwendung der Satzzeichen beschränken, denn Wortzeichen finden dann überhaupt keinen systematischen Ort im orthografischen Regelwerk. Eine solche unsystematische Einordnung betrifft ja bereits den Bindestrich, dem wir wie das amtliche Regelwerk einen eigenen Hauptabschnitt zuordnen (3.3).

Den Regelteilen zu den Wort- und Satzzeichen lassen wir zwei weitere folgen, denen aus teilweise unterschiedlichen Gründen ein besonderer Status zukommt. Das ist einmal die Redewiedergabe mit der sog. direkten Rede als Kern. Mit der Berücksichtigung von ‚fremder' Rede neben der, die als Autorenrede bezeichnet werden kann, sind besondere Anforderungen an die Verwendung von Satzzeichen und besonders ihrer Kombination verbunden, die am besten zusammenhängend dargestellt werden.

Über Kommaregeln

Der letzte und vierte Hauptabschnitt widmet sich dem Komma als Zeichen zur satzinternen Gliederung. Hier sind die im üblichen Verständnis wichtigsten Kommaregelungen zusammengefasst, von Aufzählungen über Einschübe, Herausstellungen und Nebensätze bis zum Komma bei Infinitiv- und Partizipialgruppen. Man ist sich heute weitgehend einig darüber, dass es sich beim Komma um ein im engeren Sinn grammatisches, nämlich um ein syntaktisches Komma handelt.

Das war nicht immer so, und die Einigkeit über das syntaktische Komma ist jünger, als man vielleicht annehmen möchte. Am Komma lassen sich auch einige

Grundfragen der Zeichensetzung besonders gut erläutern, insbesondere das Verhältnis von grammatischer und rhetorischer Fundierung derselben. Denn einerseits ist die Zeichensetzung etwas, das es nur im Geschriebenen gibt. Und andererseits fehlt dem Geschriebenen eine explizite Materialisierung von Wortprosodie und Satzintonation, die im Gesprochenen ja eine so wichtige Rolle spielen. Hier liegt möglicherweise auch der Grund, dass man im schulischen Bereich, in Lehrplänen und in der Didaktik lange mit der Rede von ‚Orthografie und Zeichensetzung' beide einander gegenüber stellte. Der Versuch lag nahe, die jeweiligen Besonderheiten der Sprachmodi einander zuzuordnen. Beim Komma führte das zu einer langjährigen Debatte darüber, ob wir es im Deutschen ‚eigentlich' eher mit einem rhetorischen oder einem syntaktischen Komma zu tun haben.

Der Streit wurde letztlich damit entschieden, dass es sich als unmöglich erwies, für das rhetorische Komma verbindliche Regeln zu formulieren. Das war nur mit dem syntaktischen Komma möglich, nur auf seiner Grundlage war eine explizite Normierung möglich. Dudenchef Paul Grebe formuliert seinerzeit noch (1955: 103): „ ... daß das rhetorische Prinzip, das nach Freiheit der Anwendung strebt, um die geschriebene Sprache der gesprochenen anzugleichen, sieghaft im Kampf liegt mit dem grammatischen Prinzip, das aus logischen Gründen zur Konsequenz drängt."

In Wahrheit war der Kampf des rhetorischen Prinzips damals längst verloren, auch wenn man es nicht wahrhaben wollte. Damit ist aber nicht ein Ende jeder textrhetorischen Bedeutung der Zeichensetzung verbunden. In einem Satz wie *Er hat den (roten) Schal selbst gehäkelt* wird mit den Klammern keine neue Satzbedeutung angezeigt, sondern der Schreiber bringt sich mit einem Kommentar explizit selbst ins Spiel, meldet sich in besonderer Weise zu Wort. Solche rhetorischen Effekte treten besonders dort auf, wo Interpunktionszeichen fakultativ sind oder wo sie gegen andere austauschbar sind, ohne dass sich die Bedeutung grundlegend ändert.

Aber auch wenn man beim grammatischen Komma bleibt, ist durchaus unklar, wie Regeln zu formulieren sind. Letztlich geht es bei dieser Frage um Verallgemeinerungen von grammatischen Aussagen nach dem Prinzip: Je besser eine grammatische Analyse mit den verwendeten Begriffen dem Gegenstand angemessen ist, desto einfacher und allgemeiner werden die Aussagen über diesen Gegenstand, hier also die Kommaregeln. So ist es Beatrice Primus (1993) gelungen, das syntaktische Komma auf zwei Grundregeln zu verallgemeinern: Innerhalb eines Satzes mit den Bestandteilen A und B steht zwischen A und B ein Komma, (a) wenn sie durch eine Satzgrenze getrennt sind oder (b) wenn sie nebengeordnet und nicht durch eine nebenordnende Konjunktion verbunden sind. Die Formulierung ist abstrakt, man wird sie aber ohne weiteres in den Regeln von 3.5 wiedererkennen.

Speziell zum Komma beim Infinitiv wurde schon zu Ende der 70er Jahre ein Versuch unternommen, die Dudenregeln zum Komma beim Infinitiv zu rekonstruieren. Der damals geltende Rechtschreibduden (17. Aufl. von 1973) enthielt elf Hauptregeln mit zahlreichen Unterregeln, die sich zu über 30 Regeln summieren. Sie konnten auf insgesamt sechs Regeln, wohlgemerkt mit denselben Kommas, reduziert werden (Eisenberg 1979). Ein Versuch in dieser Richtung hätte auch Grundlage einer Neuregelung sein können. Nicht, indem man syntaktische Analysen ins Regelwerk schreibt, sondern indem man aus ihnen handhabbare Regeln entwickelt. Denn vor der Neuregelung von 1996 waren die Kommaregeln, einschließlich derer zum Komma beim Infinitiv, unvermeidlich Gegenstand des Deutschunterrichts in der Sekundarstufe I. Man versteigt sich nicht mit der Behauptung, die Kommasetzung sei ein wesentlicher Antrieb für die Beschäftigung mit Satzbau in dieser Altersstufe gewesen. Das Komma war berüchtigt, es wurde teilweise bekämpft und beschimpft, aber es führte kaum ein Weg an ihm vorbei.

Die Neuregelung von 1996 hat das Komma beim Infinitiv fast durchweg freigestellt und damit praktisch abgeschafft. Wenn man wollte, konnte man es weglassen in Sätzen wie *Karl nimmt den Regionalexpress allerdings ohne etwas zu bezahlen* und konnte es setzen in Sätzen wie *Karl pflegt, mittags zu ruhen.* Dazu heißt es vonseiten zweier Reformer: „Es ist unstrittig, dass man die alte Regelung zwar durch grammatische Beschreibung von kohärenten vs. nicht-kohärenten Infinitiven rekonstruieren konnte, dass aber diese Theorie nicht schulisch umsetzbar ist.“ (Augst/Schaeder 1997: 44). Diese ‚Theorie‘ besagt, dass Infinitivgruppen bei bestimmten Verben wie oben bei *scheinen* enger an das Verb gebunden sind als bei anderen Verben, z. B. bei *wünschen* (s. a. R67). Was könnte daran ‚nicht schulisch umsetzbar‘ sein? Und es wird stillschweigend vorausgesetzt wird, man könne eine geltende Regelung schulisch nur umsetzen, indem die zugrunde liegende Theorie vermittelt wird. Das ist ein schwerer Irrtum, gegen den eigentlich alle Didaktiker Sturm laufen sollten. Falls dann die Umsetzung nicht gelingt, fühlt man sich berechtigt oder sogar verpflichtet zu einem Eingriff ins System. Der 1996 eingeleitete Zerstörungsprozess konnte glücklicherweise mit der Revision von 2006 teilweise aufgehalten werden. Er zeigt aber erneut, wohin es führt, wenn man sich zum Herren der Sprache aufschwingt, um sich vermeintlich zum Diener der Schreiber zu machen.

In Abschnitt 3.5 werden die Kommaregeln unmittelbar auf die jeweils maßgebliche grammatische Erscheinung bezogen. Dazu ist eine Klarstellung notwendig, denn es sind prinzipiell zwei Arten von Regeln zu unterscheiden. Beide plazieren das Komma an grammatisch spezifizierten Stellen im Satz. Bei Abtrennung eines Nebensatzes wie in *Der Staat hofft, dass die meisten Steuern pünktlich bezahlt werden* ist der abgetrennte Teil in die Struktur des Gesamtsatzes integriert, im Beispiel hat er die Funktion eines direkten Objekts. Das ist anders in einem Satz wie *Der langjährige Cheftrainer, seit 20 Jahren heißt er Walther Müller-Seidel, geht in den wohlverdienten Ruhestand.* Der Ausdruck *seit 20 Jahren heißt er Walther Müller-Seidel* ist eingeschoben und grammatisch nichtintegriert. Von diesem Unterschied wird in verschiedenen Kommaregeln Gebrauch gemacht, wobei es im Allgemeinen kein Problem darstellt, integrierte von nichtintegrierten Ausdrücken grammatisch zu unterscheiden. An der grammatischen Fundierung des Kommas ändert sich durch die Unterscheidung von integrierten und nichtintegrierten Einheiten nichts.

Eine Konsequenz der grammatischen Kommaregelung und Interpunktion überhaupt besteht darin, dass die Zeichen aus einer bestimmten Perspektive überflüssig sind. Ein Nebensatz oder eine Aufzählung haben ja im Allgemeinen charakteristische grammatische Formmerkmale, die ohne weiteres erkennbar sind. Mit entsprechendem grammatischen Wissen lässt sich der Satzbau auch ohne Komma erkennen, und auch syntaktische Mehrdeutigkeiten wie im berühmten *Er riet(,) ihr(,) zu helfen* lassen sich auflösen. Man kann sich gut vorstellen, wie der Leser grammatische Merkmale des Gelesenen wahrnimmt, verarbeitet, möglicherweise neu verarbeitet und schließlich zu einer Hypothese darüber gelangt, wie der Satz gebaut ist.

Genau eine solche Vorstellung liegt dem Online-Ansatz zugrunde, wie er von Bredel (2011) vertreten wird. Bredel hat neben (statisch-)strukturellen Gegebenheiten immer deren Bedeutung für den Leseprozess im Blick und beschreibt, was einzelne Interpunktionszeichen beim Lesen auslösen. Auf diese Weise wird deutlich, wie die grammatische Analyse im Normalfall durch Interpunktion vielleicht nicht erst ermöglicht, aber doch erheblich erleichtert und beschleunigt wird.

Daraus ergibt sich die große Bedeutung der Interpunktion für das Lesen. Sie wird erkauft durch Erschwernisse beim Schreiben. Das gilt im Prinzip für alle Bereiche der Orthografie, in besonderem Maß aber für die Zeichensetzung. Das umso mehr, als die Vermittlung der Zeichensetzung in der Schule ohne gleichzeitigen Grammatikunterricht noch größere Probleme zu gewärtigen hat als bei anderen Bereichen der Orthografie. Das beste Beispiel dafür ist vielleicht die oben beschriebene zeitweise Freistellung des Kommas beim Infinitiv. Trotz den Änderungen von 2006 bleibt es schwierig, den notwendigen (gar nicht so aufwendigen) Grammatikunterricht wieder zu etablieren.

2.6 Silbentrennung

Die Silbentrennung ist ein eher marginaler Bereich unserer Orthografie, denn beim Schreiben mit der Hand kann man sie im Allgemeinen vermeiden, ohne auffällig zu werden. Und in der Textverarbeitung stehen Trennprogramme zur Verfügung, die dem Schreiber das Trennen ganz abnehmen. Trennprogramme machen allerdings noch immer Fehler. Schon deshalb ist es instruktiv, sich vor Augen zu führen, wie die Silbetrennung funktioniert.

Im Einklang mit der verbreiteten Bedeutung von Komposita mit dem zweiten Bestandteil *trennung* sprechen wir von Silbentrennung analog zu *Gütertrennung, Isotopentrennung, Geschlechtertrennung* usw., und nicht von Worttrennung am Zeilenende. Wörter werden mit Spatien voneinander getrennt, nicht mit dem Trennstrich (dem Divis, das ist der kurze Strich im Mittelband des Liniensystems).

Trennstellen werden innerhalb von Wortformen aufgesucht, die im Regelfall aus Buchstabenfolgen zwischen Spatien bestehen, eben innerhalb von graphematischen Wörtern. Während die phonologischen Wörter des Gesprochenen auch bei Explizitlautung und erst recht bei Standardlautung Verschleifungen, Verkürzungen und Zusammenziehungen aufweisen, ist das graphematische Wort stabil. Trotzdem hat man lange versucht, die Trennregeln auf die gesprochene Form zu beziehen, und zwar mit Formulierungen wie „Geschriebene Wörter trennt man am Zeilenende so, wie sie sich bei langsamem Sprechen in Silben zerlegen lassen." (Deutsche Rechtschreibung 1996: 119). Auf das Geschriebene wird gar nicht Bezug genommen, es soll nach dem Gesprochenen getrennt werden, das aber gar nicht vorhanden ist. Dass man langsam sprechen soll, ändert daran nichts. Selbst bei langsamem Sprechen in Explizitlautung hört man beispielsweise in einem Wort wie [ratə] *(Ratte)* nur ein [t] und in [mapə] *(Mappe)* nur ein [p].

Wie in Abschnitt 1.2 dargelegt, verfügen wir inzwischen über einen ausgearbeiteten Begriff von Schreibsilbe. Wir sind also prinzipiell in der Lage, die Regeln der Silbentrennung ganz ohne Bezug auf Lautliches zu formulieren. Das würde allerdings eine Darlegung der Einzelheiten des Baus von Schreibsilben und ihrer Kombinatorik im graphematischen Wort verlangen. Das ist aufwendig und hätte vor allem den Zweck, zu demonstrieren, dass so etwas möglich ist. Einfacher würden die Regeln für den Normalschreiber nicht, ganz im Gegenteil.

Bei der Revision des Regelwerks im Jahr 2006 hat man sich deshalb damit begnügt, das Geschriebene überhaupt ins Spiel zu bringen. Die Grundregel der Silbentrennung bezieht sich jetzt nicht mehr auf langsames Sprechen, sondern auf langsames Vorlesen. Damit wird schon einiges erreicht, beispielsweise zur Trennung von Wörtern wie *so-zi-a-les, Le-gu-a-ne*. Das *a* ergibt sich als Einzelsilbe nicht einfach beim Sprechen, sondern beim langsamen Vorlesen, d. h. bei Berücksichtigung aller vorhandenen Buchstaben. Viele Sprecher würden auch bei langsamem Sprechen etwas sagen wie [zots-ja:-ləs] oder [le-gua:-nə]. Bei dieser Aussprache würde sich das *a* nicht als Silbe ergeben.

Die Hauptregel der Silbentrennung (R67 in 3.6) liefert für den größten Teil der Wortformen schon richtige Trennstellen. Die vier weiteren Regeln sind als Unterregeln zur Grundregel anzusehen, die besondere Fälle erfassen, wie sie bei bestimmten Fremdwörtern oder dort auftreten, wo die Wortstruktur schwer erkennbar ist. Keine der Unterregeln nimmt Bezug auf Lautliches, mit Ausnahme eines Verweises auf die Wortbetonung in R70.

Bemerkenswert ist, dass die Regeln zur Silbentrennung wiederholt auf das Sprachgefühl der Schreiber Bezug nehmen. In Vielen Fällen wissen wir, wo getrennt werden soll, können es bei dem hier gewählten pragmatischen Ansatz aber nicht immer erklären. Das ist theoretisch nicht der Weisheit letzter Schluss, wohl aber aus praktischen Gründen vertretbar.

3 Regelwerk

3.1 Buchstabenschreibung

Die Grundlage der Buchstabenschreibung beruht darauf, dass Laute und Buchstaben regelmäßig aufeinander bezogen sind (phonografisches Prinzip). Wir stellen die Entsprechungen getrennt nach Vokalen und Konsonanten dar.

3.1.1 Vokalschreibung, Kernwortschatz

Für die Schreibung der Wörter des Kernwortschatzes sind die folgenden Zuordnungen zwischen Vokalen und Vokalbuchstaben phonografisch grundlegend. R1

Langvokale

Laute	Buchst.	Beispiele
[iː]	*ie*	*Sieb, tief*
[yː]	*ü*	*Tür, süß*
[eː]	*e*	*Weg, stets*
[øː]	*ö*	*Möbel, schön*
[ɛː]	*ä*	*Bär, nämlich*
[aː]	*a*	*Tal, mag*
[oː]	*o*	*Hof, rot*
[uː]	*u*	*Mut, rufen*

Kurzvokale

Laute	Buchst.	Beispiele
[i]	*i*	*Kind, mild*
[y]	*ü*	*Küche, hübsch*
[ɛ]	*e*	*Welt, gern*
[ø]	*ö*	*Köln, zwölf*
[ɛ]	*ä*	*Lärm, ärmlich*
[a]	*a*	*Wand, kalt*
[o]	*o*	*Dorf, golden*
[u]	*u*	*Puls, bunt*

Diphthonge

Laute	Buchst.	Beispiele
[ai]	*ei*	*Bein, reich*
[ai]	*ai*	*Hain, Mai*
[au]	*au*	*Baum, blau*
[oi]	*eu*	*Zeug, feurig*
[oi]	*äu*	*Bräu, räudig*

Reduktionsvokal

Laut	Buchst.	Beispiele
[ə]	*e*	*Gabe, großes*

Das Inventar umfasst acht lange und sieben kurze Vokale, dazu kommen drei Diphthonge und der sog. Murmelvokal [ə], auch Reduktionsvokal oder Schwa genannt. Er tritt nur in unbetonten Silben wie der zweiten Silbe in *Gabe, großes, laden, heiter, badest* auf. Da jede Wortform mindestens einen betonbaren Vokal

DOI 10.1515/9783110525229-003

enthält, erscheint [ə] nur in Formen mit mindestens zwei Silben. Dieser Vokal wird als *e* geschrieben. Zur Unterscheidung von Schwa werden die anderen Vokale als Vollvokale bezeichnet. Sie können sowohl in betonten als auch in unbetonten Silben auftreten.

In den meisten Fällen steht einem Langvokal genau ein Kurzvokal gegenüber, d. h. Lang- und Kurzvokale treten paarweise auf. Ein solches Paar ist in der Regel auf denselben Buchstaben bezogen. So kann der Buchstabe *a* auf [aː] (*Tal*) sowie auf [a] (*Wand*) bezogen sein.

Einen Sonderfall stellen *ie* und *i* dar. Dem kurzen [i] entspricht der Buchstabe *i* (*Kind*), dem langen [iː] dagegen die Buchstabenfolge *ie* (*Sieb*). Dies ist der einzige Fall, in dem der Langvokal systematisch auf eine Buchstabenfolge, einen sog. Mehrgrafen, bezogen ist. Im Kernwortschatz gibt es nur wenige Abweichungen davon, z. B. *Wisent, Tiger, Biber, Igel, Brise, Fibel, Nische* und, wie zu erwarten, pronominale Formen des Nahbereichs wie *mir, dir, wir.* Zur Verdoppelung von Vokalbuchstaben siehe R19.

Der Kurzvokal [ɛ] hat die Besonderheit, dass er auf zwei verschiedene Buchstaben bezogen ist, nämlich *e* (*Welt*) und *ä* (*Lärm*). Auch stehen ihm als einzigem zwei Langvokale gegenüber, nämlich [eː] (*Weg*) und [ɛː] (*Bär*). Diese beiden Langvokale sind jedoch phonetisch sehr ähnlich. Von vielen Sprechern und besonders in Norddeutschland werden sie in der Standardlautung kaum unterschieden, so dass etwa *Schere* und *Schäre* häufig dieselbe Aussprache haben.

Umlautschreibung

Zwischen drei Paaren von Vokalen besteht eine besondere Beziehung, insofern der eine als Umlaut des anderen gilt: [y] ist Umlaut zu [u], [ø] zu [o] und [ɛ] zu [a]. Diese Laute sind paarweise sowohl artikulatorisch als auch auditiv eng miteinander verwandt. Die Schrift drückt das aus, indem für die umgelauteten Vokale nicht eigene Buchstaben, sondern Buchstaben mit Doppelpunkten (Trema) verwendet werden. Für die Umlautbuchstaben *ü, ö* und *ä* gilt:

R2 Formen mit Umlautbuchstaben beziehen sich häufig auf verwandte Formen mit dem zugehörigen Buchstaben ohne Umlautmarkierung.

Die Regel erfasst Formen wie *müsste, rötlich, Bäche,* zu denen es jeweils verwandte Formen ohne Umlautmarkierung gibt (*musste, rot, Bach*). Die Ähnlichkeit der Umlautbuchstaben mit denen ohne Trema trägt zur visuellen Ähnlichkeit der Stämme und Affixe mit diesen Buchstaben bei, sie ist Ausdruck des morphologischen Prinzips.

Dagegen sind etwa bei *hübsch, schön, Lärm* keine verwandten Formen ohne Umlautmarkierung vorhanden, die Umlautbuchstaben beziehen sich auf selbständige Laute. Umlaute hatten in älteren Sprachstufen des Deutschen durchaus ihre Funktion. Im Gegenwartsdeutschen sind [y] und [u] wie ihre Schreibungen funktional gespalten. Sie fungieren einerseits als selbständige Laute, andererseits als Umlaute. Nur beim [ɛ] und *ä* ist das anders. Ein *ä* zeigt viel häufiger als *ö* und *ü* an, dass verwandte Formen mit *a* existieren (*Dach – Dächer, hatte – hätte, Tal – Täler, gab – gäbe*). Hier lässt sich noch von einem Regelüberschuss sprechen. Fälle ohne verwandte Formen mit *a* sind entsprechend selten. (a) bringt Beispiele mit Langvokal, (b) solche mit Kurzvokal.

(a) *Bär, Krähe, Strähne, Häher, Märe, Häme, Träne, Säge, Schäre, fähig, träge, zäh, gähnen, während*
(b) *Lärm, Schärpe, März, Geländer, Lärche, Färse, ätzen, dämmern*

In zwei Fällen kann das [ɛ] sowohl als *ä* wie als *e* geschrieben werden, das sind *aufwändig – aufwendig* und *Schänke – Schenke.*

Diphthongschreibung

Die drei Diphthonge (Doppelvokale) des Kernwortschatzes [ai], [au] und [oi] bestehen jeweils aus einem offeneren gefolgt von einem geschlosseneren Vokal, sie stellen artikulatorisch eine Schließbewegung dar. Ihre Schreibung ist so geregelt:

> Eine Diphthongschreibung besteht aus zwei Vokalbuchstaben, wobei der erste ein *a* oder *e*, der zweite ein *i* oder *u* ist. **R3**

Es ergeben sich die vier Schreibungen *ai, au, ei, eu.* Von diesen sind die beiden ersten lautgetreu, die letzteren nicht. Die Vollständigkeit der Kombinatorik ist hier wichtiger als die Lauttreue. Das Auge gewöhnt sich schnell an das Schema, Lauttreue wird nicht entbehrt. Bestätigt wird die Schriftbezogenheit dadurch, dass *ai* und *ei* demselben Diphthong [ai] entsprechen, wobei das nicht lautgetreue *ei* aber den Normalfall, das lautgetreue *ai* den Sonderfall darstellt. Seine wichtigsten Vorkommen sind:

Mai, Hai, Laib, Laich, Waise, Laie, Kaiser, Saite.

Die fünfte Diphthongschreibung *äu* kommt wie das *ä* meist dort vor, wo es verwandte Formen mit *au* gibt (*Haus – Häuser, laufen – Läufer*). Fälle ohne solche Verwandtschaft sind selten. Zu ihnen gehören:

Knäuel, Räude, Säule, räuspern, sträuben, täuschen.

3.1.2 Vokalschreibung, Fremdwortschatz

Vokalschreibungen entsprechend der Tabelle in R1 sind auch in Fremdwörtern weit verbreitet. Ein genereller Unterschied betrifft das *ie*. Außer in Suffixen wie *-ie* (*Hysterie*) und *-ier* (*Passagier, diskutieren*) wird langes [iː] in Fremdwörtern als *i* geschrieben, z. B. *Krise, Maschine, Mime, Vampir*). Daneben gibt es eine Reihe von besonderen Schreibungen, die für Fremdwörter einzelner Gruppen typisch sind. Die mit Abstand größten Gruppen von Fremdwörtern des Deutschen sind die mit Bestandteilen aus dem Englischen, Französischen und Lateinischen/Griechischen.

Vokalschreibung Anglizismen

R4 Für die Vokalschreibung von Wörtern mit Bestandteilen aus dem Englischen sind die folgenden Zuordnungen typisch.

Langvokale			Kurzvokale		
Laute	Buchst.	Beispiele	Laute	Buchst.	Beispiele
[iː]	*ea*	*Team, Jeans*	[i]	*y*	*Baby, sloppy*
[iː]	*ee*	*Teen, Jeep*			
[ɛː]	*ai*	*Trainer, fair*	[ɛ]	*a*	*Fan, Gag*
			[a]	*u*	*Cup, Slum*
[uː]	*oo*	*Boom, cool*			

Anglizismen, die im Singular auf *-y* enden, erhalten im Deutschen die Pluralendung *-s*, also *Baby – Babys, Lady – Ladys*. (Im Englischen schreibt man dagegen *baby – babies, lady – ladies*).

Diphthonge

Laute	Buchst.	Beispiele
[ɛi]	*ay*	*Spray, okay*
[ai]	*i*	*Life, File*
[ai]	*y*	*Byte, Style*
[ai]	*igh*	*Light, high*
[au]	*ou*	*Sound, Account*
[au]	*ow*	*Knowhow, down*
[ou]	*ow*	*Show, Knowhow*

Die meisten Laute in der Tabelle kommen auch im Kernwortschatz vor. Bei ihnen ist nur die Schreibung fremd. Die Diphthonge [ɛi] und [ou] sind dagegen im Kernwortschatz nicht vorhanden. Bei ihnen sind Lautung und Schreibung fremd.

Vokalschreibung Gallizismen

In Gallizismen sind die Laut-Buchstaben-Zuordnungen anders geregelt als im Kernwortschatz, insofern im Französischen häufig nicht der Wortstamm, sondern ein Affix den Hauptakzent des Wortes trägt. Bei den Gallizismen des Deutschen lassen sich drei Arten von Zuordnung unterscheiden.

> Für die Vokalschreibung von Wörtern mit Bestandteilen aus dem Französischen sind die folgenden Zuordnungen typisch. R5

Langvokale			Kurzvokale		
Laute	Buchst.	Beispiele	Laute	Buchst.	Beispiele
(a)					
[ɛː]	*ai*	*Baisse, Chaise*	[ɛ]	*ai*	*Plaisir, Drainage*
[ãː]	*an*	*Orange, Revanche*	[ã]	*an*	*Orangeade, lancieren*
[ɔ̃ː]	*on*	*Annonce, Balkon*	[ɔ̃]	*on*	*broncieren, annoncieren*
[oː]	*au*	*Hausse, Sauce*	[ɔ]	*au*	*Chauffeur, Chaussee*
[uː]	*ou*	*Tour, Route*	[u]	*ou*	*Tourist, Journalist*

Laute	Buchst.	Beispiele
(b)		
[eː]	*ee, é*	*Exposee, Exposé*
[eː]	*er*	*Kollier, Atelier*
[øː]	*eu*	*Milieu, Friseur*

			[ã]	*ant*	*Pendant, Bonvivant*
			[ɔ̃]	*en*	*engangieren, Ensemble*
			[ã]	*ent*	*Abonnement, Reglement*
[oː]	*eau*	*Niveau, Plateau*			

(c)

[yː]	*ut*	*Debut*	[y]	*u*	*debutieren*
[eː]	*et*	*Filet, Budget*	[ɛ]	*e*	*filetieren, budgetieren*
[ɛː]	*ät*	*Porträt*	[ɛ]	*ä*	*porträtieren*
[aː]	*at*	*Etat, Eklat*	[a]	*a*	*etatisieren, eklatant*
[oː]	*ot*	*Trikot, Depot*	[o]	*o*	*Trikotage, deponieren*
[uː]	*out*	*Gout, Ragout*	[u]	*ou*	*degoutant*

In den Wörtern unter (a) werden Lang- und Kurzvokal auf dieselbe Weise geschrieben. Ein betonter Vokal ist lang, ein unbetonter ist kurz.

Unter (b) sind Fälle zusammengestellt, in denen der Hauptakzent des Wortes nicht auf dem Stammvokal, sondern auf einem Affix oder einer affixähnlichen Einheit liegt. Es handelt sich also um spezifische Affixschreibungen und nicht um allgemeine Laut-Buchstaben-Zuordnungen.

In (c) hat der Kurzvokal einen auch sonst vorkommenden Buchstabenbezug, das ihm folgende *t* ebenfalls. Der Kurzvokal ist unbetont. Auch hier wird der Vokal unter Betonung lang, wobei das *t* am Wortende stumm ist und wie ein Längenzeichen wirkt. Mit dem *t* wird der Wortstamm immer auf dieselbe Weise geschrieben, eine Wirkung des morphologischen Prinzips.

Vokalschreibung Latinismen und Gräzismen

R6 Für die Vokalschreibung von Wörtern mit Bestandteilen aus dem Lateinischen und Griechischen ist Folgendes typisch.

Die wichtigste Besonderheit der Vokalschreibung ist das *y*, das einem langen [yː] (*Mythos, Psyche, Asyl*) oder einem kurzen [y] (*System, synchron, kryptisch*) Vokal korrespondiert. Typisch für Latinismen und Gräzismen ist außerdem das *ä* für [ɛː] (*Äther, anämisch*) oder [ɛ] (*Gräzismus, präzise*), das nicht als Umlautschreibung anzusehen ist. Anders als im Kernwortschatz gibt es im Allgemeinen keine verwandten Formen mit *a*.

3.1.3 Konsonantschreibung Kernwortschatz

Für die Schreibung der Wörter des Kernwortschatzes sind folgende Zuordnungen von Konsonanten und Buchstaben phonografisch grundlegend. R7

Stimmlose Laute	Buchst.	Beispiele	Stimmhafte Laute	Buchst.	Beispiele
[p]	*p*	*Post, platt*	[b]	*b*	*Bad, bunt*
[t]	*t*	*Tag, treu*	[d]	*d*	*Dorf, dick*
[k]	*k*	*Kunst, krank*	[g]	*g*	*Gunst, grau*
[f]	*f*	*Fisch, frei*	[v]	*w*	*Wald, wild*
[s]	*ß*	*Muße, groß*	[z]	*s*	*Sonne, sanft*
[ʃ]	*sch*	*Schiff, schlank*			
[x, ç]	*ch*	*Dach, Strich*	[j]	*j*	*Jagd, jung*
[h]	*h*	*Hut, halb*			
			[m]	*m*	*Mut, matt*
			[n]	*n*	*Netz, nicht*
			[ŋ]	*ng*	*Ring, eng*
			[l]	*l*	*Luft, leicht*
			[r]	*r*	*Reis, rund*
[kv]	*qu*	*Qual, quer*			
[ts]	*z*	*Zahn, zehn*			

Für die Schreibungen des Kernwortschatzes werden 19 Konsonanten angesetzt. Dazu kommt als Doppelkonsonant das [ts] wie in *Zahn* oder *Kerze*, eine sog. Affrikate. Ihre Bestandteile sind artikulatorisch so eng miteinander verbunden, dass sie zu einem Laut verschmelzen und im Deutschen entsprechend mit einem Buchstaben geschrieben werden.

Die Grundeinteilung der Konsonanten erfolgt danach, ob sie ohne oder mit Stimmton (stimmlos/stimmhaft) gebildet werden. Konsonanten mit Stimmton ohne ein stimmloses Gegenstück, das sind [r], [l], [n], [m] und [ŋ], heißen Sonoranten. Dabei spielt das [ŋ] eine Sonderrolle (s. u.). Wenn im Folgenden von Sonoranten die Rede ist, sind die vier Erstgenannten gemeint. Alle übrigen Konsonanten heißen Obstruenten (‚mit einem artikulatorischen Hindernis im Mund- oder Rachenraum gebildet'). Diese beiden Begriffe sind für die Formulierung orthografischer Regeln nützlich.

Einige Konsonanten sind nicht auf einzelne Buchstaben, sondern auf Folgen von mehreren Buchstaben bezogen (Mehrgrafen): [ʃ] wird als *sch* geschrieben; [x, ç] mit seinen Varianten *ach*-Laut und *ich*-Laut wird als *ch* und [ŋ] wird als *ng* geschrieben. Der Konsonantfolge [kv] entspricht die Buchstabenfolge *qu*.

Ein [ŋ] vor [g] und [k] wird nicht als *ng*, sondern als *n* geschrieben, z. B. *Ingo, Ungarn, Zinke, wanken*. Der Unterschied in der Aussprache zwischen *Inge* als [iŋə] und *Ingo* als [iŋgo] ergibt sich daraus, dass *Inge* in der zweiten Silbe den Murmelvokal [ə] enthält, *Ingo* dagegen den Vollvokal [o].

In einer kleinen Gruppe von teilweise häufig vorkommenden Wörtern des Kernwortschatzes wird [f] nicht als *f*, sondern wie in vielen Fremdwörtern als *v* geschrieben. Diese Wörter sind damit orthografisch herausgehoben. Die wichtigsten sind:

Vater, Vetter, Vieh, Vogel, Volk, viel, vier, voll, von, vor sowie das Verbpräfix *ver (veröden, verlassen)*, was dazu führt, dass viele Verben mit einem *v* beginnen.

s-Schreibung

Das Deutsche verfügt wie bei anderen Paaren von Konsonanten auch über ein stimmloses und ein stimmhaftes s, die Zuordnung der Buchstaben ist aber anders geregelt als sonst. Insbesondere gilt die oben vorgenommene Zuordnung des stimmlosen [s] zu *ß* wie in *Grüße* nur eingeschränkt:

R8 Das stimmlose [s] wird als *ß* geschrieben, wenn es allein zwischen betontem Langvokal und unbetontem Kurzvokal steht (*Grüße, weißes*). Von solchen Langformen wird *ß* auf verwandte Formen mit Langvokal übertragen (*Grüßchen, weiß*). In einfachen Stämmen vor Konsonant oder am Wortende wird [s] als *s* geschrieben (*Hast, Rispe, Raps, Gans, das, jenes, es*). Das stimmhafte [z] (*Sonne, Wiese*) wird ebenfalls als *s* geschrieben. Zum Doppel-*s* siehe R15.

Auch die Schreibung von [ʃ] gehört im weiteren Sinn zu den *s*-Schreibungen. Im Allgemeinen wird [ʃ] als *sch* geschrieben, am Wortanfang vor [t] und [p] jedoch als *s: Streich, Sprung, Splint*. Auf diese Weise werden besonders lange Anfangsränder von Schreibsilben wie *Schtreich, Schprung, Schplint* vermieden. Das Auge gewöhnt sich schnell an das Schema mit einfachem *s*, Leseschwierigkeiten entstehen nicht.

Vielfalt der Schreibung von [ks]

Die Schreibung der Lautfolge [ks] ist besonders vielfältig und zeigt eindrucksvoll, wie wenig man bei den Konsonanten mit einfachen Zuordnungen von Buchstaben zu Lauten auskommt. Es geht um Schreibungen wie *Jux, Koks, Murks, Klecks, flugs* und *Wachs*. Letztere stellt eine echte Besonderheit dar, deren Systematik sich erst bei detaillierter phonologischer Analyse erschließt.

> Ein [k] vor [s] wird in einfachen Stämmen des Kernwortschatzes als *ch* geschrieben. Diese Schreibung beruht darauf, dass ein [x, ç] vor [s] vom Frikativ zum Plosiv wird *(wach – Wachs, Dach – Dachs, hecheln – wechseln, streicheln – deichseln).* **R9**

Die wichtigsten Wörter sind:

Dachs, Deichsel, Flachs, Fuchs, Lachs, Luchs, Wachs, Achse, Achsel, Wichse, Büchse, Echse, Ochse, sechs, wachsen, drechseln, wechseln

In einigen Wörtern wird die Lautfolge [ks] als *x* geschrieben, z. B. *Hexe, Nixe, Jux, lax, fix, boxen, kraxeln*. Mit dem *x* weisen solche Wörter ein Fremdheitsmerkmal auf, zumal der Buchstabe *x* weitaus überwiegend in Fremdwörtern auftaucht. Alle anderen Eigenschaften weisen diese Wörter aber als Kernwörter aus.

In vielen Wörtern erscheint die Lautfolge [ks] regelhaft als Buchstabenfolge *ks*. Dazu gehören eingedeutschte Anglizismen wie *Keks, Koks* (abgeleitet von den englischen Pluralformen *cakes* und *cokes*) sowie Formen von Kernwörtern des Typs *Murks, hinkst*. Auch Schreibungen wie *Klecks, Häcksel* sind regelhaft, soweit man sie auf Stämme wie in *kleckern, hacken* beziehen kann. In *flugs, mittags* stecken die Stämme von *Flug, Tag*. Ihre sowie Schreibungen des Typs *legst, liegst* mit *g* ergeben sich aus der Auslautverhärtung entsprechend R10.

Auslautverhärtung

Auslautverhärtung gilt als typisch für die Aussprache im Deutschen. Sie betrifft stimmhafte Konsonanten wie [b] und [d], zu denen es stimmlose Gegenstücke ([p], [t]) gibt. In der Langform *Kindes*, gesprochen [kindəs], tritt der stimmhafte Konsonant [d] im Anfang der zweiten Silbe auf. Die zugehörige Kurzform *Kind* rückt ihn an das Ende (allgemein: in den Endrand) der Silbe. Er wird dann stimmlos gesprochen. Die Aussprache lautet nun [kint].

> Die stimmhaften Konsonanten [b], [d], [g], [v] und [z] werden bei Auslautverhärtung als [p], [t], [k], [f] und [s] gesprochen. Auslautverhärtung wird in der Schrift nicht berücksichtigt. **R10**

Kurzform mit Auslautverhärtung	Zugehörige Langformen
lieb, lieblich, Liebchen, verliebt	*liebes, lieben, Liebes, verlieben*
Leid, leidlich, leidvoll, leidtun	*Leides, leiden, leidest, leider*
Tag, täglich, tagst, vertagt	*Tage, Tages, tagen, vertagen*
Möwchen, Löwchen	*Möwe, Löwe*
Kreis, kreisrund, eingekreist	*Kreise, Kreises, einkreisen*

Ein [g] wird insbesondere nach kurzem unbetonten Vokal in vielen Regionen des deutschen Sprachgebiets nicht nur stimmlos, sondern auch noch zum Zischlaut [ç] gemacht, z. B. [kø:nigə] – [kø:niç], [e:vigəs] – [e:viç] für *Könige – König, ewiges – ewig.*

Durch den stimmlosen Konsonanten bewirkt Auslautverhärtung ein klares Silbenende. Das ist im Deutschen – etwa im Gegensatz zum Englischen – besonders wichtig, weil der Unterschied zwischen Einsilber und Zweisilber eine so große Rolle spielt. In der Schrift kommt es dagegen auf die Einheitlichkeit des Stammes für das Auge an. Deshalb wird Auslautverhärtung im Sinne des morphologischen Prinzips in der Schrift nicht berücksichtigt.

Als ein sehr allgemein gültiger und lange wirksamer Prozess ist auch die Auslautverhärtung im Gegenwartsdeutschen mit einem Regelüberschuss behaftet. Es finden sich Schreibungen wie:

Herbst, Obst, Rebhuhn, Lebkuchen, hübsch, redlich, ob, und, seid, sind

3.1.4 Konsonantschreibung Fremdwortschatz

Die fremden Konsonantschreibungen sind vielfältig. Dabei weisen Anglizismen und Gallizismen einerseits sowie Latinismen und Gräzismen andererseits zahlreiche Gemeinsamkeiten auf. Deshalb werden sie im Folgenden jeweils gemeinsam behandelt.

Konsonantschreibung Anglizismen und Gallizismen

R11 Für die Konsonantschreibung von Wörtern mit Bestandteilen aus dem Englischen und Französischen sind die folgenden Zuordnungen typisch.

Laute	Buchst.	Beisp. Anglizismus	Beisp. Gallizismus
[k]	*c*	*Crew, Camping*	*Coup, Courage*
[s]	*c, ce*	*Center, Service*	*Citoyen, Nuance*
[ʃ]	*ch*	*Match, Ketchup*	*Chiffre, Branche*

[ʃ]	*sh*	*Shop, Finish*	
[tʃ]	*ch*	*Chip, Couch*	
[ʒ]	*g*		*Genie, Garage*
[ʒ]	*j*		*Jargon, Jalousie*
[dʒ]	*g*	*Gin, Teenager*	
[dʒ]	*j*	*Jeans, Job*	

Das anlautende [tʃ] und das anlautende [dʒ] werden meist zu [ʃ] und [ʒ] reduziert, z. B. [ʃip] und [ʒin] für *Chip* und *Gin*. Dadurch findet eine weitere Angleichung in der Konsonantschreibung von Anglizismen und Gallizismen statt.

Anders als im Kernwortschatz (*Sohn, Salz*) haben zahlreiche Fremdwörter ein stimmloses [s] im Anlaut, z. B. *Set, Sample, Single, Skandal, salu, Salär, Saison.* Dabei findet in Gallizismen besonders häufig eine Angleichung an den Kernwortschatz statt, indem vor Vokal [s] durch [z] ersetzt wird, z. B. [zɛzɔ̃ː] statt [sɛzɔ̃ː] (*Saison*).

Konsonantschreibung Latinismen und Gräzismen

Für die Konsonantschreibung von Wörtern mit Bestandteilen aus dem Lateinischen und Griechischen sind die folgenden Zuordnungen typisch. **R12**

Laute	Buchst.	Beispiele
[t]	*th*	*Thema, Pathos*
[ts]	*c*	*Caesium, circa*
[ts]	*t*	*Aktie, Tertiär*
[k]	*c*	*Corpus, contra*
[k]	*ch*	*Chrom, Chaos*
[ks]	*x*	*Xylophon, toxisch*
[f]	*ph*	*Phase, Graphik*
[v]	*v*	*Verb, zivil*
[r]	*rh*	*Rhema, Rhythmus*

Die Schreibungen *th, ch, ph* und *rh* gehen meist auf die Wiedergabe der griechischen Buchstaben ϑ (Theta), χ (Chi), φ (Phi) und ρ (Rho) im Lateinischen zurück. Das Lateinische weist zahlreiche Gräzismen als Fremdwörter auf.

Variantenschreibungen bei Fremdwörtern

Fremdwörter werden auf vielerlei Weise den Schreibungen des Kernwortschatzes angeglichen, z. B. in Fällen wie *Bureau* zu *Büro*, *Yacht* zu *Jacht*, *Yoga* zu *Joga* oder

Sauce zu *Soße*. Auch die Schreibungen mit *th* werden in einigen Fällen zu *t*, unabhängig davon, ob sie in Gräzismen vorkommen oder nicht: *Thunfisch – Tunfisch, Panther – Panter, Kathode – Katode, Thein – Tein.* Verbreitet sind Ersetzungen des *c* durch *z* oder *k* wie in *Acetat – Azetat, Penicillin – Penizillin, Caritas – Karitas, codieren – kodieren, circa – zirka, Calcit – Kalzit.*

Die Morpheme *phon, phot, graph* können generell auch mit *f* geschrieben werden. Praktiziert wird das aber eher bei Wörtern, die man dem Allgemeinwortschatz zuordnet als beispielsweise bei Fachwörtern. So findet man mit *f* eher Wörter wie *Telefon, Foto, Fotografie, Grafikkarte*, mit *ph* eher solche wie *homophon, Photosynthese, Paläographie. Grafit* und *Delfin* können auch mit *ph* geschrieben werden.

Die Schreibung *t* für [ts] ist auf die Position vor [j] beschränkt (*Nation, Funktion, Aktie, partiell*). In dieser Position wird [ts] – wie im Kernwortschatz – als *z* geschrieben, wenn verwandte Formen mit *z* vorliegen *(Tendenz – tendenziell, Provinz – provinziell)*. Beide Schreibungen sind möglich, wenn es für beide verwandte Formen gibt, z. B. *existent – existentiell, Existenz – existenziell.*

3.1.5 Die Schreibung von Kurzvokalen

Unter R1 sind Beispiele zusammengestellt, die Formen mit Lang- und mit Kurzvokalen gegenüberstellen. Warum der Vokal einmal lang und das andere Mal kurz ist, blieb zunächst ungeklärt. Im vorliegenden Abschnitt wird gezeigt, unter welchen Bedingungen ein Vokal kurz sein kann oder sein muss, im folgenden Abschnitt wird dasselbe für Langvokale ausgeführt. Allgemein gilt, dass die Vokallänge weitgehend vom silbischen Kontext bestimmt ist, in dem der Vokal steht.

Außer beim *ie/i* (*Stiel – still*) wird im Kernwortschatz ein Kurzvokal mit demselben Buchstaben geschrieben wie der entsprechende Langvokal. Sowohl ein langes [oː] als auch ein kurzes [o] erscheint als Buchstabe *o* wie in *Schrot – Schrott*, entsprechend in *Beet – Bett, Bahn – Bann* usw. Die Beispiele zeigen, dass ein Kurzvokal durch Verdoppelung des folgenden Konsonantbuchstabens angezeigt sein kann. Der Langvokal weist in Wörtern wie *Schrot* keine besondere Kennzeichnung auf, er kann aber auch durch Verdoppelung des Vokalbuchstabens (*Beet*) oder durch ein *h* (*Bahn*) als lang markiert sein.

In Wörtern des Kernwortschatzes wie *Kind, Kern, Wald, Wurm, Holz, Herbst, Markt* wird der Vokal kurz gelesen, weil ihm zwei oder mehr Konsonantbuchstaben folgen, denen im gesprochenen Wort zwei oder mehr als zwei Konsonanten entsprechen. Eine besondere Markierung der Vokalkürze ist in solchen Fällen nicht erforderlich, sie ergibt sich aus dem Bau der Silbe. Von dieser Regel gibt es nur wenige – meist historisch bedingte – Abweichungen, z. B. *Mond, wüst,*

Schwert, Obst. Folgt dem Vokal gar kein Konsonant, dann ist er automatisch lang (*Knie, Bö, wo*). Erforderlich ist die Markierung von Vokalkürze dann, wenn dem Vokal genau ein Konsonant und im Geschriebenen genau ein Konsonantbuchstabe folgt. Das wichtigste Mittel zur Kennzeichnung von Vokalkürze ist eben die Verdoppelung des Konsonantbuchstabens wie in den Beispielen *still, Schrott, Bett, Bann*.

Verdoppelung von Konsonantbuchstaben Kernwortschatz

Die Grundlage zur Verdoppelung von Konsonantbuchstaben nach Kurzvokal ist silbischer Natur und findet sich in Langformen vom Typ *Schrippe, Kette, Wanne, Sonne, Summe* gemäß R13.

> Steht in einer Langform zwischen einem betonten kurzen und einem unbetonten Vokal ein einzelner Konsonant, dann ist er Silbengelenk und der entsprechende Konsonantbuchstabe wird verdoppelt. **R13**

Geschriebene Formen	gesprochene Formen
Hüte – Hütte	[hy:tə – hytə]
beten – Betten	[be:tən – bɛtən]
Köter – Kötter	[kø:tər – køtər]
quäle – quelle	[kvɛ:lə – kvɛlə]
rate – Ratte	[ra:tə – ratə]
Ofen – offen	[o:fən – ɔfən]
Pute – Putte	[pu:tə – putə]

In derartigen Wortpaaren kann Vokallänge als lautliches Unterscheidungsmerkmal angesehen werden, Vokallänge ist distinktiv. Die Wörter haben eine betonte gefolgt von einer unbetonten Silbe, wobei zwischen den Silbenkernen (Vokalen) genau ein Konsonant steht. In diesen Fällen wird nur ein Konsonant geschrieben. (*Hü-te, be-ten*). Die erste Silbe hat dann keinen Endrand und macht sie grafisch zu einer offenen. Ist der betonte Vokal kurz, wird der Konsonant verdoppelt, die erste Silbe ist grafisch geschlossen: [hytə] – *Hütte*.

In einigen Fällen entspricht einem Silbengelenk nicht ein einzelner Konsonantbuchstabe, sondern ein Mehrgraf mit zwei oder drei Buchstaben, nämlich *tz, ck, ch, sch* oder *ng*. Dann gilt:

> Nur ein einzelner Konsonantbuchstabe kann verdoppelt werden. **R14**

Die Regel schließt die Gelenkschreibungen *tz, ck, ch, sch, ng* von der Verdoppelung aus. Wir schreiben schon der Übersichtlichkeit halber nicht *witztzig*, sondern *witzig.*

Weitere Beispiele:

[kratsən]	*kratzen*	[brɛçən]	*brechen*
[bakən]	*backen*	[kraxən]	*krachen*
[vaʃən]	*waschen*	[ziŋən]	*singen*

R15 Aufgrund des morphologischen Prinzips wird eine Gelenkschreibung von der Langform auf verwandte Formen mit Kurzvokal übertragen. Die Übertragung erfolgt bei allen Gelenkschreibungen, d. h. für Verdoppelungen (a) wie für andere (b).

(a)	*Hütte – Hüttchen*	(b)	*kratzen – gekratzt*
	Betten – Bett		*backen – backst*
	quellen – quillt		*wischen – gewischt*
	Ratte – Rättchen		*brechen – bricht*
	offen – öffne		*krachen – gekracht*
	Putte – Puttchen		*singen – singt*

Die Affrikate [ts] hat *tz* als Gelenkschreibung. Sonst wird sie als einfaches *z* geschrieben, z. B. *zittern, Kerze*. Sonderfälle sind *Kiebitz, Stieglitz, Antlitz, Hertz.*

Stimmloses [s] hat die Gelenkschreibung *ss* (*Wasser, Flüsse – Fluss, wissen – gewusst*). Sonst wird [s] als *s* oder *ß* geschrieben (*Last, reißen*, siehe R8). Eine Ausnahme ist die Konjunktion *dass*. Hier ist *ss* nicht Gelenkschreibung, von solchen Ausnahmen finden sich einige in Funktionswörtern auch mit anderen Konsonanten (s. u). Der velare Nasal [ŋ] hat die Gelenkschreibung *ng*, sonst wird er als *n* geschrieben wie in *Bank* [baŋk], *Ungarn* [uŋgarn].

Bei Substantiven mit den Suffixen *in* und *nis* wird der letzte Konsonantbuchstabe in der Langform verdoppelt (*Lehrerin – Lehrerinnen, Ereignis – Ereignisses*). Ähnlich bei einigen (teilweise fremden) Wörtern auf *is* (*Kürbis – Kürbisse*), *as* (*Ananas – Ananasse*), *os* (*Rhinozeros – Rhinozerosse*), *us* (*Fidibus – Fidibusse*).

Die Regeln zur Gelenkschreibung gelten im Kernwortschatz des Gegenwartsdeutschen weitgehend konsequent. Eine so umfassende und langfristig entwickelte Regelung hat aber auch Überschüsse. Neben der schon erwähnten Konjunktion *dass* handelt es sich im Kernwortschatz um wenige Wörter wie *Bollwerk, Wrack, Haff, zack, dann, wann, denn, wenn,* die als historische Schreibungen oder als Analogien zu Gelenkschreibungen zu deuten sind. So ist *Boll* verwandt mit ahd. *bolla* ‚Schale', *wann* stammt von mhd. *wanne*. Schreibungen wie *wenn* und *denn* bleiben im gegenwärtigen Deutsch schon wegen des Unterschieds zu *wen* und *den* erhalten.

Verdoppelung von Konsonantbuchstaben Fremdwortschatz

Die Grundregel zur Verdoppelung von Konsonantbuchstaben gilt generell auch für Fremdwörter. **R16**

(a) Anglizismen: *Hobby, Shopping, Teddy, groggy, steppen, pinnen*
(b) Gallizismen: *Mannequin, Etappe, Kontrolle, formelles, bizarres, brunette*
(c) Latinismen/Gräzismen: *Villa, Interesse, Promille, Programme, rebellisch*

Die übrigen Gelenkschreibungen finden sich in Fremdwörtern in Abhängigkeit von den in der fremden Sprache geltenden Laut-Buchstaben-Beziehungen in anderer Form oder gar nicht. So weisen Anglizismen kein *sch*, wohl aber ein *sh* auf (*Pusher, Squasher, Smashing*). Statt *ck* haben Fremdwörter oft ein *kk* (*Trekking, Mokka, Sakko*), statt *tz* meist ein *zz* (*Skizze, Pizza, Intermezzo*) oder ein einfaches *z* (*Matrize, Notizen*).

In zahlreichen Anglizismen werden Konsonantbuchstaben in der Position von Silbengelenken verdoppelt, während verwandte Wörter nur einen einfachen Konsonantbuchstaben aufweisen:

cutten – Cut, flippen – Flip, floppy – Flop, jetten – Jet, Steppen – Step, peppig – Pep

Auch für das Deutsche ist das konsistent, weil die Wörter nicht zweisilbig flektieren, die Substantive bilden zum Beispiel einen *s*-Plural und keinen silbischen (*Flop – Flops – *Floppe*). In manchen Anglizismen wird ein Doppelkonsonantbuchstabe mit der Schreibung entlehnt und bleibt im Deutschen erhalten, obwohl kein Silbengelenk vorhanden ist, z. B. *Grill, Bluff, Jazz*. Gestützt werden solche Schreibungen dadurch, dass verwandte Wörter mit Langform vorhanden sind: *grillen, bluffen, jazzen*.

In Latinismen und Gräzismen gibt es ebenfalls viele Verdoppelungen, die nicht oder nicht im Deutschen auf Silbengelenke beziehbar sind. Es handelt sich einmal um Wörter mit entlehnten Gelenkschreibungen, die ins Deutsche übernommen werden, z. B. *Million* < lat. *mille; inflammabel* < lat. *flamma; terrestrisch* < lat. *terra; Mission* < lat. *missio*.

In der zweiten und weitaus größeren Gruppe von Verdoppelungen ist ein Konsonant des Präfixes an den anlautenden Konsonanten des Stammes angeglichen worden und wird auch so geschrieben. Beispielsweise beruht *assimilieren* auf *ad+similis*. Ähnlich *Alliteration, illiterat, Kollege, Kommode, immanent, Immigrant, Apparat, Apposition* und viele andere. Ein Teil dieser Wörter ist nicht direkt auf das Lateinische, sondern auf andere romanische Sprachen und insbesondere das Französische zu beziehen.

3.1.6 Die Schreibung von Langvokalen

Im Unterschied zum Kurzvokal wird ein Langvokal im Allgemeinen nicht besonders gekennzeichnet. Das wird besonders deutlich in Kontexten, in denen sowohl ein Lang- als auch ein Kurzvokal stehen kann. In Paaren wie *Schrot – Schrott, wen – wenn, den – denn, kam – Kamm* ist jeweils nur der Kurzvokal besonders markiert, der Langvokal ist es nicht. Unter bestimmten Bedingungen werden aber auch Formen mit Langvokal in der Schrift besonders gekennzeichnet. Als Mittel stehen dafür das stumme *h* sowie Verdoppelung von Vokalbuchstaben zur Verfügung. Beim stummen *h* unterscheidet man zwei Vorkommen, nämlich das silbenöffnende und das Dehnungs-*h*. Grundlage der Schreibung sind in beiden Fällen entsprechende Langformen.

Silbenöffnendes *h*

R17 Folgt in der Langform auf einen betonten Langvokal unmittelbar ein unbetonter Kurzvokal, dann wird zwischen den beiden Vokalbuchstaben ein *h* eingefügt. Bei der Silbentrennung ist es der erste Buchstabe der zweiten Silbe, es heißt deshalb silbenöffnendes *h*, vgl. [ruːən] – *ru-hen.*

Aufgrund des morphologischen Prinzips wird das silbenöffnende *h* von der Langform auf verwandte Formen übertragen, soweit diese ebenfalls einen Langvokal haben:

fliehen – fliehst	*krähen – gekräht*
Mühe – Mühsal	*nahe – nah*
gehen – gehst	*rohes – roh*
erhöhen – erhöht	*ruhen – ruhst*

Im Kernwortschatz gibt es nur wenige Abweichungen von der Schreibung mit silbenöffnendem *h*. Zu ihnen gehören *die Böen – die Bö* und *säen – säst*. Bei *knien – kniest* und *die Knie – das Knie* steht ebenfalls kein silbenöffnendes *h*, weil die beiden *e* der Langform (**knieen, *Kniee*) zu einem reduziert sind. Ähnlich bei *geschrien, gespien* und *die Seen.*

Das silbenöffnende *h* dient u. a. zur Vermeidung von profillosen geschriebenen Formen wie **zieen, *ween* statt *ziehen, wehen.* Es steht im Allgemeinen nicht nach Diphthongschreibungen, vgl. *Trauer, bauen, Treue, streuen.* Lediglich beim Schreibdiphthong *ei* findet sich beides (a), (b). Steht das *ei* in der Grundform am Ende, dann steht das silbenöffnende *h* nicht (*Ei, Schrei, frei*).

(a) *Weiher, Reiher, Reihe, Weihe, gedeihen, weihen, leihen, seihen, verzeihen*
(b) *Eier, Kleie, Schleie, Schreie, Geier, Schleier, Leier, freies, feiern, schneien, speien*

Fremdwörter weisen im Allgemeinen keine Wortstrukturen auf, die ein silbenöffnendes *h* erfordern. In Wörtern mit betontem *ie* wird – wie oben bei *Knie* erläutert – in der Langform ein *e* getilgt, z. B. *Harmonien – Harmonie, Batterien – Batterie,* nicht aber **Harmonieen* usw.

Dehnungs-*h*

Folgt in der Langform nach einem betonten Langvokal ein einzelner Sonorant ([r], [l], [n] oder [m]), dann wird in zahlreichen Wörtern des Kernwortschatzes ein *h* eingefügt. Man nennt es meist Dehnungs-*h.* Bei der Silbentrennung ist es der letzte Buchstabe der ersten Silbe und heißt deshalb auch silbenschließendes *h,* z. B. [maːnən] – *mah-nen.* **R18**

Aufgrund des morphologischen Prinzips wird das Dehnungs-*h* von der Langform auf verwandte Formen übertragen, soweit diese ebenfalls einen Langvokal haben:

sühnen – sühnt	*lahmes – lahm*
Befehle – Befehl	*Lohnes – Lohn*
aushöhlen – ausgehöhlt	*Ruhmes – Ruhm*
ähneln – ähnlich	*kehren – Kehrblech*

Nach *ie* steht das Dehnungs-*h* im Allgemeinen nicht (*Biene, spielen*), es sei denn, es ergibt sich aus dem morphologischen Prinzip bei Vokalwechsel wie in *stehlen – stiehlt, befehlen – befiehl.* Nach einfachem *i* steht das Dehnungs-*h* in Pronomen mit *ihre, ihnen* als Langformen und *ihr, ihn, ihm* als morphologische Schreibungen.

Das Dehnungs-*h* dient, insofern es stets einem Langvokal folgt, in vielen Fällen als Lesehilfe. Insgesamt steht es aber nur in ungefähr der Hälfte der Fälle, in denen es stehen könnte, nicht z. B. in *Ton, Tür, Pol, Ware, Kran, Krone, Spur, Blume*. Es gibt aber einige Faustregeln für sein Auftreten.

Geht dem Buchstaben, der dem betonten Langvokal entspricht, mehr als ein Konsonantbuchstabe oder Mehrgraf im Silbenanfangsrand voraus, so steht das Dehnungs-*h* im Allgemeinen nicht, z. B. *schwer, schwören, sparen, Kran, Krone, Spur, Blume*. Auf diese Weise werden überlange geschriebene Formen vermieden. Im gesamten Kernwortschatz gibt es 12 Wörter, in denen es trotzdem steht:

Strähne, Strahl, stehlen, Stahl, stöhnen, Stuhl, Pfahl, Pfuhl, Prahm, prahlen, dröhnen, Drohne

Das Dehnungs-*h* steht nie nach Anfangsrändern mit *sch, qu, p* und *t*, z. B. *Schar, Qual, Pol, Tal*. Die Gründe dafür sind, wenn man sie überhaupt festmachen möchte, unterschiedlich. Das *sch* und *qu* sind markierte Anfangsränder und bestehen zudem aus mehreren Buchstaben. Beim *p* liegt es möglicherweise am häufigen Vorkommen von *ph* in Fremdwörtern (*Phänomen, Phyle*), beim *t* am früher häufigen Vorkommen von *th* (*Thür, Thal* und bis heute ebenfalls in Fremdwörtern wie *Thales, Thema*).

In Fremdwörtern gibt es kein Dehnungs-*h*, vgl. z. B. *Chlor, Symbol, Chrom, chronisch*.

Verdoppelung von Vokalbuchstaben

R19 In einer Reihe von Wörtern des Kernwortschatzes wird der Buchstabe für ein langes [e:], [a:] oder [o:] verdoppelt.

a. *Beere, Heer, Meer, Speer, Teer, Seele, Reet, Beet, leer, scheel*
b. *Aar, Haar, Maar, Paar, Aal, Saal, Maat, Saat, Staat, Waage*
c. *Moor, Moos, Boot, Koog, Zoo, doof*

Verdoppelung tritt meistens vor *r, l, s* und *t* auf, also vor Buchstaben in typischerweise komplexen Endrändern. Doppeltes *e* tritt außerdem häufiger in auslautender offener Silbe im Kernwortschatz (a) sowie in Fremdwörtern auf (b) und (c):

(a) *Fee, Klee, Lee, Schnee, See, Tee*
(b) *Allee, Armee, Kaffee, Kaktee, Klischee, Komitee, Livree, Orchidee, Puree*
(c) *Dekolletee, Doublee, Exposee, Kommunikee, Varietee*

Bei Umlautschreibungen gibt es keine Verdoppelung: *Saal – Säle, Boot – Bötchen.*

Tritt zu *ee* ein Suffix, das mit *e* beginnt, so wird ein *e* getilgt, z. B. *die See+en* wird zu *die Seen.* Ähnlich *die Alleen, Kakteen* (s. a. R17).

Die Wörter unter (c) können auch mit *é* geschrieben werden, z. B. *Dekolleté, Exposé.*

3.2 Getrennt- und Zusammenschreibung

Bei der Getrennt- und Zusammenschreibung geht es um die Frage, ob sprachliche Einheiten mit zwei oder mehr wortfähigen Stämmen als Wörter (mit der Struktur von Komposita) oder als Wortgruppen (mit der Struktur syntaktischer Phrasen) anzusehen sind (2.2). Im Deutschen gibt es eine Reihe von Mechanismen zur Bildung von Komposita (wir sprechen auch von ‚Zusammensetzungen'), denen verwandte Wortgruppen gegenüberstehen. Je nach Wortart können unterschiedliche Regeln und Proben darüber Auskunft geben, ob man es mit einem Wort, also Zusammenschreibung, oder einer Phrase, also Getrenntschreibung, zu tun hat. Wir beschränken uns im Folgenden auf Einheiten mit zwei wortfähigen Bestandteilen. Der zweite bestimmt dann die Kategorie der Gesamteinheit. Folgende Einteilung erlaubt es, die verschiedenen Fälle übersichtlich darzustellen:

1. Verbindungen mit Verben
2. Verbindungen mit Adjektiven und Partizipien
3. Verbindungen anderer Wortarten

3.2.1 Verbindungen mit Verben

Verbindungen mit verbalem Zweit- und substantivischem Erstglied sind besonders häufig und vielfältig. Die Verbindungen mit Verben sind auffällig, weil es im Deutschen trennbare Verben einerseits *(úmfahren – fahre úm)* und nicht trennbare *(umfáhren – umfáhre)* andererseits gibt. Für die Getrennt- und Zusammenschreibung hat man drei Arten von Bindung zwischen Erst- und Zweitglied zu unterscheiden.

Im ersten Fall ist die Bindung fest. Ein Wort wie *handhaben* ist ein Kompositum, dessen erster Bestandteil nicht abgetrennt werden kann: *hándhaben;*

gehándhabt; weil sie etwas hándhabt; Sie hándhabt etwas. Abtrennung des Erstgliedes wie in **Sie habt etwas hand* ist nicht möglich. Eine Wortgruppe wie *Hand haben* hätte keine syntaktische Analyse.

Anders im zweiten Fall, z. B. *áufheben.* Auch hier handelt es sich um *ein* Wort, aber *auf* kann abgetrennt werden: *Sie hebt etwas áuf.* Man spricht von trennbaren Zusammensetzungen. Das trennbare Erstglied *áuf* ist betont und wird Verbpartikel genannt. Sie wird bei Kontaktstellung mit dem Verb zusammengeschrieben. Das ist der Fall bei Infinitiven (a.), bei Partizipien (a., b.) und bei Nebensätzen, in denen das Verb am Schluss steht (c.):

a. *áufheben, áufzuheben, áufgehoben, áufhebend*
b. *Er hat das Obst zu lange áufgehoben*
c. *weil er das Obst zu lange áufhebt*

Im dritten Fall handelt es sich nicht um ein Wort, sondern um zwei Wörter, die eine Wortgruppe bilden, z. B. das Adverb *gern* und das Verb *schreiben*:

a. *Sie kann es gern schreiben*
b. *Sie hat es gern geschrieben*
c. *weil sie es gern schreibt*

Schreibunsicherheiten können auftreten, wenn nicht klar ist, ob der erste Teil tatsächlich ein selbständiges Wort ist oder nicht. Beim Verb *gérnhaben* ist *gérn* kein selbständiges Wort: *gérnhaben; gérngehabt; weil er sie gérnhat; Er hat sie gérn.* Die Bestandteile *gern* und *haben* bilden eine trennbare Zusammensetzung. Fälle dieser Art sind genauer zu befragen, ob der erste Bestandteil eine Verbpartikel ist (oder doch wichtige Eigenschaften mit ihr gemeinsam hat) und bei Kontaktstellung mit dem Verb zusammengeschrieben wird oder ob er ein selbständiges Wort ist. Die Wortbildung beruht hier auf Univerbierung, d. h. auf dem Zusammenwachsen von Wörtern. Ein echter Wortbildungsprozess morphologischer Art ist das nicht. Unsere Argumentation hebt deshalb vor allem auf syntaktische Unanalysierbarkeit ab. Dabei können Verbpartikeln formgleich sein mit Präpositionen und Adverbien, mit Adjektiven, Substantiven und schließlich auch mit Verben.

Präposition mit Verb

Den Kernbestand an Verbpartikeln bilden Ausdrücke, die formgleich sind mit Präpositionen und es gilt:

Präpositionen können mit Verben trennbare Zusammensetzungen bilden. Sie werden bei Kontaktstellung mit dem Verb zusammengeschrieben. R20

Beispiele:

abladen | *beigeben* | *vorhalten*
abgeben | *beiwohnen* | *vorlesen*
annehmen | *einladen* | *vornehmen*
anstellen | *einschlafen* | *zutragen*
aufheben | *mitmachen* | *zusichern*
aufpassen | *mitbringen* | *zwischenlagern*
aushalten | *nachdenken* | *zwischenlanden*
ausgeben | *nachgeben*
angeben | *nachholen*

Die Unterscheidung von Verbpartikel und selbständiger Präposition ist kein Problem. Eine Präposition steht normalerweise vor einer Nominalgruppe *(Er lädt die Möbel auf den Wagen)*, während die Verbpartikel beim Verb *(áufladen)* oder eben für sich allein getrennt vom Verb steht *(Er lädt die Möbel áuf)*.

Eine besondere Gruppe bilden Verben, bei denen das präpositionale Erstglied sowohl betont als auch unbetont sein kann. Im ersten Fall handelt es sich um eine Verbpartikel *(dúrchziehen – Sie zieht den Faden dúrch)*. Im anderen Fall ist das Erstglied nicht trennbar, es ist fester Bestandteil des Verbs und der Verbstamm ist betont *(durchzíehen – Diese Auffassung durchzíeht das ganze Buch)*. In beiden Fällen wird zusammengeschrieben. Beispiele:

dúrchsetzen – durchsétzen | *úmfahren – umfáhren*
dúrchbohren – durchbóhren | *úmkleiden – umkléiden*
dúrchzählen – durchdénken | *únterkriechen – unterláufen*
ínterhaken – hintergéhen | *úmstellen – umstéllen*
ǘbersetzen – übersétzen | *únterstellen – unterstéllen*
ǘberborden – überhö́hen | *únterhaken – unternéhmen*

Adverb mit Verb

Eine umfangreiche Gruppe von Verbpartikeln ist formgleich mit Adverbien.

R21 Adverbien können mit Verben trennbare Zusammensetzungen bilden. Sie werden bei Kontaktstellung zusammengeschrieben. Besonders häufig betrifft das Zeit-, Orts- und Richtungsadverbien.

abwärtsgehen	*fortgehen*	*rückwärtsfahren*
auseinandergehen	*gegenübersitzen*	*umhersehen*
beisammensitzen	*herausgehen*	*voranbringen*
dabeistehen	*herbeibringen*	*vorbeikommen*
daherkommen	*hereinkommen*	*vorhersehen*
dastehen	*hinhalten*	*wegnehmen*
emporblicken	*hineintragen*	*zurückholen*
entgegengehen	*hinterherlaufen*	*zusammensitzen*
entlangkommen	*niedermachen*	*zuvorkommen*

Auch hier ist die Unterscheidung zum selbständigen Adverb in der Regel ohne Schwierigkeiten möglich. So findet sich in dem Nebensatz *wenn sie ihn wiederwählen* die Verbpartikel *wieder*, dagegen in dem sonst formgleichen Nebensatz *wenn sie ihn wieder wählen* das Adverb. Zwei Proben geben darüber Aufschluss.

(a) Betonungsprobe. Das Adverb ist normalerweise nicht besonders betont, die Verbpartikel ist betont. Nur im jeweils rechten Beispiel haben wir es deshalb mit einem selbständigen Adverb zu tun.

Er ist von Berlin hérgekommen	*Er ist von Berlin her gekommen*
Wie du dástehst	*Wie du da stehst*
Willst du vórwärtslaufen?	*Willst du vorwärts laufen?*
Wollt ihr zusámmenkommen?	*Wollt ihr zusammen kommen?*

(b) Syntaktische Probe. Das selbständige Adverb kann auch entfernt vom Verb stehen, die Verbpartikel nicht. Im jeweils rechten Beispiel ist ein weiterer Ausdruck zwischen Adverb und Verb eingeschoben, im jeweils linken Beispiel ist das nicht möglich.

Er ist vom Parkplatz hérgekommen	*Er ist vom Parkplatz her zu uns gekommen*
Wie du dástehst	*Wie du da wieder stehst*
Willst du vórwärtsfahren?	*Willst du vorwärts in die Garage fahren?*
Wollt ihr zusámmenkommen?	*Wollt ihr zusammen nach Köln kommen?*

Einen formalen Hinweis auf Zusammenschreibung gibt es bei einigen Verbindungen mit sog. Pronominaladverbien wie *davon, davor, dazu,* etwa in den Wörtern *davónlaufen, davórstehen, dazúgehören.* Sind sie (bei vokalisch anlautender Präposition) nicht mit *da,* sondern mit *dar* gebildet, dann wird bei der entsprechenden Verbpartikel das *a* weggelassen, z. B. *drínbleiben.* Das Adverb bewahrt die volle Form, z. B. *darin bleiben.* In der geschriebenen Sprache ist nur die Verbpartikel verkürzt, nicht das Adverb:

dranbleiben
drangehen
dranhalten
draufhalten
draufhauen
drauflegen
drinbleiben
drinstecken
drüberfliegen
drüberstreuen
drunterliegen
drunterstellen

Eine Reihe von Ausdrücken, die wie Adverbien aussehen, tritt heute gar nicht mehr als selbständiges Wort auf. Andere haben in der Zusammensetzung auch keine bestimmte Kategorie (wie eine Wortart) mehr. Hier wird zusammengeschrieben:

abhandenkommen
anheimstellen
darlegen
einhergehen
fehlgehen
feilbieten
fürliebnehmen
heimholen
hintanstellen
innehalten
irreleiten
kundtun
leidtun
preisgeben
übereinkommen
überhandnehmen
umhinkönnen
vorliebnehmen
wahrnehmen
weismachen
wettmachen
zunichtemachen
zurechtkommen

Verbindungen mit *sein*

Eine spezielle Regelung gilt für Präpositionen und Adverbien, die mit Formen von *sein* auftreten.

> Verbindungen von Präpositionen und Adverbien mit Formen von *sein* werden getrennt geschrieben. **R22**

da sein, auf sein, los sein, vorbei sein, zurück sein, da ist, auf seid, auf war, los gewesen, vorbei gewesen.

Grund für diese Regelung ist, dass man vor der Neuregelung einerseits Schreibungen wie *dasein, vorbeisein* oder auch *dagewesen, weggewesen* kannte, nie aber Zusammenschreibungen mit den unregelmäßigen Personalformen des Verbs *sein,* also nicht **daist, *aufsind* oder **losseid.* Die jetzige Regelung soll der Vereinheitlichung dienen.

Adjektiv mit Verb

Bei der Verbindung aus Adjektiv und Verb sind drei Fälle zu unterscheiden: getrennt oder zusammen, nur zusammen, nur getrennt.

R23 Einfache Adjektive können mit Verben sowohl trennbare Zusammensetzungen als auch Wortgruppen bilden. Im ersten Fall werden sie bei Kontaktstellung zusammengeschrieben.

Dieser Fall liegt vor, wenn mit Adjektiv und Partizip 2 des jeweiligen Verbs das Resultat der Verbalhandlung bezeichnet wird. Im Satz *Er kocht die Kartoffeln weich* führt die Verbalhandlung dazu, dass die Kartoffeln sowohl weich als auch weichgekocht sind. Legen wir die trennbare Zusammensetzung *weichkochen* zugrunde, dann bezeichnet *weichgekocht* das Resultat. Legen wir die Getrenntschreibung mit selbständigem Adjektiv in adverbialer Funktion *weich kochen* zugrunde, dann bezeichnet *weich* das Resultat. Beide Ausdrücke bedeuten etwas Unterschiedliches, beide Schreibweisen sind möglich. Weitere Beispiele:

blankputzen/blank putzen
blaustreichen/ blau streichen
dickfüttern/dick füttern
fertigstricken/fertig stricken
geradebiegen/gerade biegen
glattschleifen/glatt schleifen
kleinsägen/klein sägen
kaltstellen/kalt stellen
kurzschneiden/kurz schneiden
langziehen/lang ziehen
leertrinken/leer trinken
rotfärben/rot färben
totschlagen/tot schlagen
übriglassen/übrig lassen
vollgießen/voll gießen

In der zweiten Gruppe von Verbindungen wird das Resultat der Handlung nicht vom Adjektiv allein, sondern nur von den beiden Bestandteilen gemeinsam bezeichnet. Wenn man etwas richtigstellt, dann wird es dadurch nicht richtig, aber es ist richtiggestellt. Wenn man jemanden krankschreibt, dann ist er krankgeschrieben, aber krank wird er dadurch nicht. In diesen Fällen liegt eine trennbare Zusammensetzung vor, die ein transitives Verb ist (*jmd.* oder *etw. breittreten* usw.). Es wird zusammengeschrieben. Dabei kommt es eben auf die gemeinsame Bedeutung der beiden Bestandteile an. Meist handelt es sich um eine übertragene oder idiomatisierte Gesamtbedeutung:

breittreten
festnageln (‚festlegen')
freisprechen
gesundbeten
gleichsetzen
heiligsprechen
hochheben
kaltstellen (‚jmdn. ausschalten')
klarstellen
krankschreiben
fertigmachen
leerfegen
richtigstellen
schlechtmachen
schönreden
schwernehmen
sicherstellen

Bei reflexiven Verben wie *sich schön machen, sich krank lachen, sich gesund schlafen, sich heiser singen, sich müde arbeiten* bezeichnet das Adjektiv das Resultat, die Reflexivität ergibt sich aber nur aus Verb und Adjektiv gemeinsam. Es kann sowohl getrennt als auch zusammengeschrieben werden.

Eine Sondergruppe bilden die Adjektive *voll, fest* und *tot*. Sie neigen zur Reihenbildung und es ist, unabhängig von der Bedeutung, fast nur Zusammenschreibung belegt:

vollkritzeln, vollaufen, volltanken, vollspritzen, vollladen, vollstopfen, volllabern
festhalten, feststellen, festlegen, festklemmen, festklopfen
totschlagen, totfahren, totschweigen, totsagen, sich totlachen, sich totstellen

In den meisten anderen Verbindungen ist das Adjektiv als selbständig anzusehen, es wird getrennt geschrieben. Das gilt insbesondere dann, wenn das Adjektiv selbst komplex ist, und es gilt unabhängig von der Bedeutung. So haben wir *blankputzen/blank putzen*, aber nur *blitzblank putzen*, und wir haben *totschlagen/tot schlagen*, aber nur *mausetot schlagen*. Weitere Beispiele:

bewusstlos schlagen, dingfest machen, schachmatt setzen, sonnenklar machen, schrottreif fahren, glaubhaft machen

Getrennt geschrieben wird natürlich auch dann, wenn das Adjektiv für sich modifiziert ist:

ziemlich glatt hobeln, zu klein schneiden, etwas kleiner schneiden, ganz nahe kommen, halb leer trinken

Bei solchen Ausdrücken gibt es im Allgemeinen kein Schreibproblem, niemand möchte hier zusammenschreiben. Man muss diese Fälle aber ausdrücklich erwähnen, damit die Zusammenschreibung nicht mechanisch zu weit getrieben wird.

Substantiv mit Verb

In der Verbindung aus Substantiv und Verb finden sich einige der umstrittensten Fälle für die Getrennt- und Zusammenschreibung. Der Grund ist, dass manche Erstglieder wie selbständige Substantive aussehen, sich aber nicht so verhalten und deshalb mit dem Verb zusammengeschrieben werden. Im einfachsten Fall bilden sie mit dem Verb eine feste Zusammensetzung, d. h. das Erstglied ist nicht abtrennbar und wird mit dem Zweitglied zusammengeschrieben. So haben wir *lustwandeln* und *Er lustwandelt,* aber nicht **Er wandelt lust*. Allerdings sind die Grammatikalitätsurteile teilweise unsicher und schwankend. Morphologisch handelt es sich um Rückbildungen *(bauchreden* von *Bauchredner* usw.). Zu dieser Gruppe gehören:

bauchreden
bausparen
bergsteigen
brandmarken
handhaben
heimarbeiten
kopfrechnen
lustwandeln
maßregeln
nachtwandeln
punktschweißen
sandstrahlen
schlussfolgern
weissagen
wetteifern

In einer weiteren Gruppe ist der substantivische Bestandteil vom Verb abtrennbar und es gilt:

R24 Substantive können mit Verben trennbare Zusammensetzungen bilden. Sie werden bei Kontaktstellung zusammengeschrieben. Bei Trennung wird das Erstglied kleingeschrieben.

Das Erstglied sieht wieder aus wie ein Substantiv, hat aber kaum Eigenschaften eines selbständigen Wortes. So ist in *státtfinden* und *Es findet státt* das Erstglied *státt* nicht als Substantiv anzusehen. Es verhält sich viel eher wie eine Verbpartikel und wird deshalb bei Abtrennung vom Verb kleingeschrieben. Eine syntaktische Analyse als Wortgruppe gibt es nicht. Zu dieser Gruppe gehören:

eislaufen
kopfstehen
nottun
standhalten
stattfinden
stattgeben
statthaben
teilhaben
teilnehmen
wundernehmen

Hat das Erstglied Eigenschaften eines selbständigen Substantivs, dann wird es getrennt vom Verb und großgeschrieben:

Auto fahren	*Schlittschuh laufen*	*Oboe üben*
Bankrott machen	*Radio hören*	*Pfeife rauchen*
Klavier spielen	*Sopran singen*	*Probe singen*
Rad fahren	*Tango tanzen*	*Probe turnen*

Der Unterschied zwischen *eislaufen* einerseits und *Auto fahren* andererseits zeigt sich beispielsweise daran, dass man sagen kann *Sie fährt Auto* und *Sie fährt ein altes Auto,* andererseits aber nur *Sie läuft eis* und nicht **Sie läuft ein kaltes Eis.* Und auch *Sie läuft kein Eis* ist grammatisch zweifelhaft, eher möglich ist *Sie läuft nicht Eis/eis.* Je mehr substantivische Eigenschaften man testet, desto klarer wird der Unterschied und desto deutlicher wird, dass *eis* in *eislaufen* eher Eigenschaften einer Verbpartikel als eines selbständigen Substantivs hat und deshalb mit dem Verb zusammengeschrieben wird. Man erfasst auf diese Weise auch den Unterschied zwischen *eislaufen* auf der einen und *Eis essen, Eis kaufen* usw. auf der anderen Seite, wo *Eis* ja selbständiges Substantiv in der Funktion eines direkten Objekts ist (wen oder was essen/kaufen?), *sie kauft leckeres Eis/ein leckeres Eis/kein Eis* usw.

Natürlich gibt es gerade hier auch Übergangsfälle, und vor allem gibt es solche, die man sowohl als Wort wie als Wortgruppe anzusehen hat. Dann sind beide Schreibungen möglich:

achtgeben/Acht geben	*gewährleisten/Gewähr leisten*
achthaben/Acht haben	*haltmachen/Halt machen*
brustschwimmen/Brust schwimmen	*marathonlaufen/Marathon laufen*
danksagen/Dank sagen	*maßhalten/Maß halten*
delphinschwimmen/Delphin schwimmen	*staubsaugen/Staub saugen*

Ob man getrennt oder zusammenschreibt, ist meist wieder von der Verwendung bestimmt. So wird man schreiben *weil sie wie vorgesehen haltmachen,* aber andererseits *weil sie den vorgesehenen Halt machen.*

Verb mit Verb

Eine Reihe von Verben verbindet sich mit einem Verb im Infinitiv als Erstglied. Dabei gilt:

R25 Verbindungen aus zwei Verben werden in der Regel getrennt geschrieben.

lieben lernen
arbeiten kommen
kochen helfen
lesen lehren
baden gehen
spazieren fahren
schwimmen schicken
sprechen üben

Eine besondere Rolle spielen bei solchen Verbindungen die Verben *bleiben* und *lassen* als zweite Bestandteile, insofern sie zur Reihenbildung neigen:

liegen bleiben
sitzen bleiben
stehen bleiben
stecken bleiben
hängen bleiben
liegen lassen
sitzen lassen
stehen lassen
schlafen lassen
arbeiten lassen

Ein großer Teil dieser Verbindungen kommt regelmäßig nicht nur in der Grundbedeutung, sondern auch in übertragener Bedeutung vor und es gilt:

R26 Verbindungen aus Verb und Verb mit *bleiben* und *lassen* als zweitem Bestandteil können bei übertragener Bedeutung zusammengeschrieben werden.

Zusammenschreibung ist beispielsweise möglich bei *jmdn. sitzenlassen* (‚nicht mehr beachten') oder *hängenbleiben* (‚im Gedächtnis bleiben'). Durch Zusammenschreibung kann also ausdrücklich der Bezug auf die übertragene Bedeutung hergestellt werden. Getrennt- und Zusammenschreibung ist auch bei *kennenlernen/kennen lernen* möglich. *Kennenlernen* verhält sich syntaktisch anders als etwa *lieben lernen*: Wir haben *Sie lernt ihn lieben* und außerdem *Sie lernt ihn zu lieben*, aber wir haben nur *Sie lernt ihn kennen*, nicht auch **Sie lernt ihn zu kennen.* Deshalb muss die Zusammenschreibung *kennenlernen* möglich sein.

3.2.2 Verbindungen mit Adjektiven und Partizipien

Die Vielfalt der Verbindungen mit Adjektiv als Zweitglied ist geringer als beim Verb. Ein Adjektiv bezeichnet meist eine Eigenschaft, und solche Eigenschaften kann man mit dem Erstglied einer Zusammensetzung näher bestimmen. Wie üblich ist der erste Bestandteil betont. Aus *rot* wird *dúnkelrot,* aus *dreist* wird *dúmmdreist,* aus *schwach* wird *áltersschwach* usw. Ein Schreibproblem tritt nicht auf, es wird zusammengeschrieben.

Modifikation des Adjektivs

Eine charakteristische und verbreitete Art der näheren Bestimmung (Modifikation) von Adjektivbedeutungen besteht darin, dass die bezeichnete Eigenschaft durch Erstglieder recht unterschiedlicher Art verstärkt oder abgeschwächt wird. Syntaktisch analysierbar sind sie nicht. Es gilt:

> Bedeutungsverstärkende und -abschwächende Erstglieder können mit Adjektiven Zusammensetzungen bilden. Sie werden zusammengeschrieben. **R27**

bitterernst
brandaktuell
erzreaktionär
extrabillig
gemeingefährlich
grundehrlich
hyperintelligent
lauwarm
stockdoof
superschlau
todtraurig
ultramodern

In vielen weiteren Fällen verhält sich ein adjektivisches Erstglied bei Zusammenschreibung ähnlich wie eben, es ist betont und bestimmt die Bedeutung des zweiten Bestandteils näher: *schwérkrank, hálboffen.* Aber auch Getrenntschreibung ist möglich. Beide Bestandteile sind dann in gleicher Weise betont und bilden eine Wortgruppe, wobei das Erstglied Attribut ist und für sich modifiziert werden kann: *schwer krank, besonders schwer krank; halb offen, fast halb offen.* Zusammensetzung und Wortgruppe haben häufig eine ähnliche Bedeutung, häufig unterscheiden sich die Bedeutungen aber deutlich. Man schreibt eben, was man ausdrücken möchte:

allgemeingültig/allgemein gültig
dichtbevölkert/dicht bevölkert
engverwandt/eng verwandt
leichtverdaulich/leicht verdaulich
halbvoll/halb voll
hochgiftig/hoch giftig
höchstpersönlich/höchst persönlich
schwerverständlich/schwer verständlich

Regelmäßig ist diese Art von Unterscheidung mit *nicht* möglich. Man kann sowohl zusammenschreiben *(nichtöffentlich, nichtflektierbar, nichtgiftig)* als auch, mit entsprechender Bedeutung, getrennt *(nicht öffentlich, nicht flektierbar, nicht giftig).*

Schreibung mit Partizipien

Die meisten Partizipien verhalten sich in vieler Hinsicht wie Adjektive, beispielsweise werden sie wie Adjektive flektiert *(die laufenden Kosten, das gedruckte Buch).* Und wie eben für Adjektive erläutert, kann man bei Partizipien schreiben *schwerwiegend/schwer wiegend* oder *hochbegabt/hoch begabt.*

Andererseits bleiben die Partizipien eng auf das jeweilige Verb bezogen, und zwar sowohl das Partizip 1 *(laufend, druckend)* als auch das Partizip 2 *(gelaufen, gedruckt).* Was Getrennt- und Zusammenschreibung betrifft, verhalten sie sich wie die übrigen Formen des zugehörigen Verbs. Deshalb kann man beispielsweise wie beim Verb schreiben *glattgehobelt/glatt gehobelt, kleingeschnitten/klein geschnitten* usw., aber nur *krankgeschrieben, richtiggestellt, heiliggesprochen* (R23).

In zahlreichen Fällen können Verbindungen aus einem Einzelwort und einem Partizip sowohl morphologisch (z. B. als Inkorporation) als auch syntaktisch (z. B. als Verbindungen von Partizip und Objekt) analysiert werden:

R28 Verbindungen aus Einzelwort und adjektivisch gebrauchtem Partizip können in vielen Fällen sowohl zusammen- als auch getrennt geschrieben werden.

In *ein Rat suchender Bürger* hat das Substantiv *Rat* die Funktion eines direkten Objekts zu *suchender* (wen oder was suchend?), d. h. das Objekt besteht aus einem einzelnen Substantiv. In einem solchen Fall ist aufgrund von Inkorporation auch Zusammenschreibung möglich: *ein ratsuchender Bürger.* Eine eindeutig syntaktische Analyse ist häufig nur dann möglich, wenn der erste Bestandteil für sich modifiziert ist (*vernünftigen Rat suchend* usw.). Vergleichbare Fälle:

das voll besetzte/vollbesetzte Kino, die allein erziehende/alleinerziehende Mutter, ein selbst gebackener/selbstgebackener Kuchen, die Öl fördernden/ölfördernden Staaten, Aufsehen erregend/aufsehenerregend, Gewinn bringend/gewinnbringend

In anderen Fällen ist es nicht möglich, eine Wortgruppe aus den Bestandteilen einer Zusammensetzung so zu bilden, dass sie syntaktisch analysierbar ist. Zur Bildung der verwandten Wortgruppe muss man dann irgendein Element (etwa eine Präposition oder einen Artikel) hinzufügen, z. B. *freudestrahlend – vor Freude strahlend, hilfeflehend – um Hilfe flehend, herzerquickend – das Herz erquickend.* Ähnlich *blutbefleckt, sturmerprobt, milieubedingt.* Hier wird zusammengeschrieben.

3.2.3 Verbindungen anderer Wortarten

Wörter, die im Text häufig nebeneinander stehen, können unter bestimmten Umständen zu einem Wort zusammenwachsen. Voraussetzung ist, dass das entstehende Wort zu einer Wortart gehört, die in den gegebenen Zusammenhang passt. So ist aus der adverbialen Fügung *hier zu Lande* das Adverb *hierzulande* hervorgegangen, aus der Fügung mit Genitivattribut *an dessen Statt* wurde zuerst *an Statt dessen* und danach durch Zusammenwachsen der beiden ersten Wörter die Präposition *anstatt*, die den Genitiv nach sich zieht: *anstatt dessen.* Das Deutsche weist zahlreiche solche Univerbierungen unterschiedlicher Wortart auf, z. B. die Konjunktionen *nachdem, sofern, obwohl;* die Präpositionen *anhand, infolge, inmitten;* die Adverbien *allseits, deshalb, bisweilen.* Univerbierungsprozesse sind nicht nur zahlreich, sondern auch vielfältig strukturiert, so dass man sie nicht in einfache Regeln fassen kann. Meist bestehen aber keine Zweifel, ob schon ein Wort oder noch eine Wortgruppe vorliegt.

Für einige markante Fälle, in denen der Prozess des Zusammenwachsens nicht vollständig abgeschlossen ist, wurden orthografische Festlegungen getroffen.

Wortgruppen, die sich im Prozess des Zusammenwachsens zu Präpositionen, Konjunktionen oder Adverbien befinden, können sowohl getrennt als auch zusammengeschrieben werden. **R29**

(a) Präpositionen: *anstelle/an Stelle, aufgrund/auf Grund, aufseiten/auf Seiten, mithilfe/mit Hilfe, vonseiten/von Seiten, zugunsten/zu Gunsten, zulasten/zu Lasten, zuungunsten/zu Ungunsten, zuzeiten/zu Zeiten*
(b) die Konjunktion *sodass/so dass*
(c) Adverbien wie: *außerstand/außer Stand, außerstande/außer Stande, imstande/im Stande, instand/in Stand, infrage/in Frage, zugrunde/zu Grunde, zuhause/zu Hause, zuleide/zu Leide, zumute/zu Mute, zurande/zu Rande,*

zuschanden/zu Schanden, zuschulden/zu Schulden, zustande/ zu Stande, zutage/zu Tage, zuwege/zu Wege

Bei den meisten dieser Ausdrücke ist eine syntaktische Analyse nicht mehr möglich. Es besteht eine Tendenz zur Zusammenschreibung.

Bei Verbindungen mit dem Erstglied *irgend* wird dieser Prozess in der amtlichen Regelung als abgeschlossen angesehen. Es gilt generell Zusammenschreibung.

(a) Artikel und Pronomen: *irgendein, irgendeiner, irgendetwas, irgendjemand, irgendwelche, irgendwas, irgendwer*
(b) Adverbien: *irgendeinmal, irgendwomit, irgendwann, irgendwie, irgendwo, irgendwodurch, irgendwoher, irgendwohin, irgendwovor*

Getrennt geschrieben wird bei Verbindungen mit *so: irgend so ein, irgend so etwas, irgend so jemand, irgend so was, irgend sowas.*

3.3 Bindestrich

In seiner Grundfunktion ist der Bindestrich ein wortinternes Gliederungszeichen, das verwendet werden kann, um bestimmte Wortbestandteile hervorzuheben und Wörter leicht lesbar zu machen. Darüber hinaus gibt es Wörter mit besonderer Struktur (Wortreihen, Eigennamen) oder mit besonderen Bestandteilen (Ziffern, Abkürzungen), bei denen die Verwendung des Bindestrichs obligatorisch ist.

3.3.1 Bindestrich als fakultatives Gliederungszeichen

R30 Bei zweiteiligen Zusammensetzungen kann zwischen dem Erst- und Zweitglied ein Bindestrich verwendet werden. Substantivische Bestandteile nach einem Bindestrich werden großgeschrieben. Bei Zusammensetzungen mit mehr als zwei Bestandteilen wird der Bindestrich an der Hauptfuge gesetzt.

(a) Kernwortschatz: *Landes-Hauptstadt, Landeshaushalts-Defizit, Landes-Haushaltsdefizit, Landes-Hochschulrat, Landesregierungs-Unterbringung, Druck-Erzeugnis, Drucker-Zeugnis*

(b) Anglizismen: *Midlife-Crisis, Best-Seller, Hair-Stylist, Shopping-Center, Desktop-Publishing, Happy-End* (auch *Happy End* und natürlich *Happyend* sind möglich), *Online-Betrieb.*
Bei Anglizismen wird mit dem Bindestrich häufig eine Teilintegration in Richtung auf den Kernwortschatz angezeigt. So ist *Happy End* am wenigsten integriert (englische Getrenntschreibung), *Happyend* am weitgehendsten. Dazwischen liegt *Happy-End.*

Besonders sinnvoll ist die Verwendung des Bindestrichs in folgenden Fällen:
(a) wenn Wortbestandteile besonders hervorgehoben werden sollen, z. B.: *Kann-Bestimmung, Ich-Erzähler, ént-wässern, dass-Satz, Normal-Substantiv, Nil-Delta, Riester-Rente, Duden-Empfehlung*
(b) wenn an der Fuge drei gleiche Buchstaben aufeinanderfolgen: *See-Erfahrung, Zoo-Ordnung, Miss-Stand, Fußball-Land*
(c) bei Zusammensetzungen aus nebengeordneten Adjektiven: *blau-weiß-rot, nass-kalt, süß-sauer.* Bei komplexen Adjektiven wird ein Bindestrich gesetzt: *technisch-physikalisch, britisch-amerikanisch.*

Ein Bindestrich ist nicht sinnvoll bei zweigliedrigen Adjektivkomposita mit substantivischem Erstglied vom Typ *lehrerartig, zuckerfrei, hautfreundlich.* Beim Setzen des Bindestrichs entsteht ein unauflösbarer Konflikt, was Großschreibung betrifft.

3.3.2 Obligatorischer/fakultativer Bindestrich

Bindestrich bei Wortreihen

Bei Substantiven, die aus oder mit Wortreihen gebildet sind, wird zwischen den Bestandteilen ein Bindestrich gesetzt. Das Erstglied sowie substantivische Bestandteile werden großgeschrieben. **R31**

das Entweder-oder, ein Sowohl-als-auch, eine Ad-hoc-Entscheidung, das Arme-Sünder-Glöckchen, die One-Man-Show, das An-den-Haaren-Herbeiziehen, das Über-sich-Hinauswachsen

Unter den Anglizismen gibt es eine Reihe von Substantiven, die aus Wortgruppen mit Verb und Präposition oder Adverb gebildet sind. Sie können mit oder ohne Bindestrich geschrieben werden:

der Check-out/Checkout, das Come-back/Comeback, der Count-down/Countdown, das Go-in/Goin, das Know-how/Knowhow, das Lay-out/Layout, das Play-back/Playback, das Play-off/Playoff

In einigen Fällen *(Go-in, Know-how)* ist zur Sicherung der Lesbarkeit ein Bindestrich zu verwenden.

Eigennamen

R32 Zusammengesetzte geografische Namen und zusammengesetzte Familiennamen werden, wenn amtlich nichts anderes festgelegt ist, mit Bindestrich geschrieben. Bei Vornamen ist ein Bindestrich möglich.

Müller-Thurgau, Hess-Lüttich, Wien-Schwechat, Berlin-Brandenburg, Gabriele-Charlotte/Gabriele Charlotte, Hans-Karl/Hans Karl/Hanskarl

Bei Zusammensetzungen, deren Erstglied ein mehrteiliger Eigenname ist, steht zwischen sämtlichen Bestandteilen ein Bindestrich:

Otto-Behaghel-Straße, Heinrich-von-Kleist-Theater, Roman-Jakobson-Syndrom, Georg-Christoph-Lichtenberg-Text

Abkürzungen, Buchstaben, Ziffern, Affixe

R33 Bei Zusammensetzungen mit Abkürzungen, Buchstaben und Ziffern als Erstglied oder Zweitglied wird ein Bindestrich gesetzt.

ICE-Fahrpreis, km-Pauschale, CSU-geprägt, Handball-EM, f-Moll, n-Tupel, Schluss-s, 4-sätzig, 4-jährig, 4-Tonner, 4-mal, 4:0-Sieg, 4/4-Takt

Ist das Zweitglied ein Suffix, dann steht der Bindestrich nur, wenn das Erstglied aus einem einzelnen Buchstaben besteht, z. B. *n-tel, x-ter, x-fach.* Entsprechend wird bei Zusammensetzungen wie *SPDler, VWhaft, 30%ig, 68er* kein Bindestrich gesetzt.

Tritt ein gemäß R32 gebildeter Ausdruck als Erstglied einer Zusammensetzung auf, dann steht nach diesem Erstglied ein Bindestrich:

ICE-Fahrpreis-Ermäßigung, km-Pauschalen-Abrechnung, CSU-geprägt-Sein, Handball-EM-Turnier, f-Moll-Etude, Schluss-s-Schreibweise

3.4 Groß- und Kleinschreibung

Die Wortformen eines laufenden Textes bestehen im Allgemeinen aus Kleinbuchstaben und beginnen auch mit einem Kleinbuchstaben. Nur in bestimmten, genau geregelten Fällen beginnt eine Wortform mit einem Großbuchstaben.

Großschreibung im Wortinneren oder am Wortende wie bei Produktbezeichnungen (*EPlus, GermeXX, BahnCard*) oder Personenbezeichnungen (*StudentInnen, IntensivtäterInnen*) sind nicht Bestandteil der orthografischen Norm.

Die Großschreibung betrifft einmal den Anfang bestimmter Texteinheiten (R33). Substantive hebt man durch Großschreibung als Kern von Nominalgruppen hervor (R34–41). Eine von der Bedeutung her einheitliche Klasse von Ausdrücken, die sich teilweise mit den Substantiven überschneidet, sind die Eigennamen. Auch sie werden großgeschrieben (R42–43). Schließlich werden Anredepronomina durch Großschreibung als Höflichkeitsformen gekennzeichnet (R44–45). Als Gliederung ergibt sich:

1. Großschreibung am Anfang bestimmter Texteinheiten
2. Großschreibung von Substantiven
3. Großschreibung von Eigennamen
4. Großschreibung von Höflichkeitsformen

3.4.1 Großschreibung am Anfang bestimmter Texteinheiten

Das erste Wort eines Textes, eines Absatzes, eines vollständigen Satzes sowie das erste Wort nach einem Satzschlusszeichen schreibt man groß. **R34**

Zu den großgeschriebenen Texteinheiten gehören Werktitel (*Kleines Wörterbuch der Stilkunde, Der kaukasische Kreidekreis, Ungarische Rhapsodie*), Titel von Gesetzen, Verträgen, Veranstaltungen u. ä. (*Bayerisches Hochschulgesetz, Internationaler Ärztekongress*) sowie Überschriften von Texten und auch Teiltexten, wie sie beispielsweise in längeren Zeitungsartikeln üblich sind (*Allmähliche Nor-*

malisierung im Erdbebengebiet, Keine Chance für diplomatische Lösung!). Weiter gehören dazu Anschriften, Datumszeilen, Anrede- und Grußformeln in Briefen (*Sehr geehrte Frau Schröder, Mit freundlichen Grüßen ...*).

Die Großschreibung des ersten Wortes bleibt auch dann erhalten, wenn eine Überschrift oder ein Texttitel innerhalb des laufenden Textes verwendet wird, z. B. *Auf dem Programm steht das Theaterstück „Der kaukasische Kreidekreis".* Auch bei verkürzter oder veränderter Wiedergabe von Texttiteln schreibt man das erste Wort groß, z. B. *Wir haben im Theater Brechts „Kaukasischen Kreidekreis" gesehen. Wir haben den Kaukasischen Kreidekreis gesehen* (dazu auch R42).

Was ein vollständiger Satz im Sinne der Großschreibung ist, bedarf in einigen Fällen näherer Erläuterung: (a) Das erste Wort einer direkten Rede wird großgeschrieben, z. B. *Karla stellte fest: „Alles in Ordnung."* (b) Das erste Wort eines Satzes als Parenthese wird nicht großgeschrieben, z. B. *Der Antrag wurde – das ist bemerkenswert – einstimmig angenommen.*

Satzschlusszeichen sind der Punkt, das Fragezeichen und das Ausrufungszeichen (R50, 51). Nach diesen Zeichen schreibt man das erste Wort groß, z. B. *Niemand kannte ihn. Auch der Gärtner nicht.* Oder: *Ob er heute kommt? Nein, morgen.* Zur Großschreibung nach Doppelpunkt R52.

3.4.2 Großschreibung von Substantiven

Substantive

R35 Substantive werden großgeschrieben.

Das typische Substantiv hat ein festes Genus und kann mit Artikelwörtern *(ein Stuhl, die Stadt, kein Buch, dieses Kind)* und Attributen *(ein hoher Stuhl, die Stadt ihrer Geburt, kein Buch aus Frankreich)* als Kern (zentraler Bestandteil) einer Nominalgruppe verwendet werden. Im Grundvorkommen sind solche Nominalgruppen Verbergänzungen (Subjekt und Objekte), adverbiale Bestimmungen und Attribute. Wörter mit den genannten Eigenschaften sind zweifelsfrei Substantive und werden großgeschrieben.

Hat ein Wort die genannten Eigenschaften ganz oder teilweise nicht, bestehen Zweifel an der Großschreibung und es sind besondere Regelungen erforderlich. Das gilt für bestimmte Typen von Substantivierung (R34), es gilt für Schreibungen mit Bindestrich (R35), Fremdwörter (R36), feste Verbindungen aus Adjektiv und Substantiv (R37) sowie für Substantive in festen, offenen Konstruktionen (R38).

Substantivierungen

Substantivierungen sind Substantive eigener Art, insofern sie als ihre Basis auf Wörter unterschiedlicher Kategorie bezogen sind. Sie werden großgeschrieben. R36

Die einfachste Form von Substantivierung liegt vor, wenn ein Wort einer anderen Wortart oder eine Wortgruppe ohne Formveränderung mit Artikelwort verbunden wird. Solche Substantive sind Neutra: *das Heute, das Wann, das Wenn und Aber, das Danach, das Drüben, das Rot, das Lesen, das Anraten, das Sprechen.*

Die in den letzten Beispielen genannten substantivierten Infinitive können auch ohne Artikel verwendet werden. An der Großschreibung ändert das nichts, wenn sie Kern einer Nominalgruppe bleiben, z. B. *Auf Anraten des Arztes ging sie zur Kur. Uns half nur noch lautes Rufen. Der Gehörgeschädigte lernt Sprechen/das Sprechen. Das Probieren/Probieren geht über das Studieren/Studieren.* In manchen Fällen können solche einfachen Infinitive auch verbal verstanden werden. Dann gilt Kleinschreibung (*Der Gehörgeschädigte lernt sprechen. Probieren geht über studieren*).

Eine verbreitete Form von Substantivierung betrifft Adjektive einschl. adjektivischer Partizipien. Sie führt zu Substantiven im Maskulinum, Femininum und Neutrum: *der/die/das Alte, viel Altes, der/die/das Übrige, etwas Übriges*; partizipiale Adjektive: *der/die/das Gewählte, jeder Gewählte, der/die/das Betreffende, alles Betreffende.* Auch in Fällen wie *Es fehlt ihnen am/an dem Nötigsten. Wir sind aufs/auf das Beste angewiesen* liegen substantivierte Adjektive (als Formen des Superlativs) vor. Solche Verbindungen werden mit *woran, worauf* usw. erfragt.

Besonders für Personenbezeichnungen haben sich feste Paarformeln herausgebildet *(Junge und Alte, Arme und Reiche, Hohe und Niedrige).* Sie werden auch dann großgeschrieben, wenn sie in verkürzter Form auftreten: *Jung und Alt, Arm und Reich, Hoch und Niedrig* analog zu *Freund und Feind, Frau und Kind.*

Einzelne Formen substantivierter Adjektive kommen in erstarrten Verbindungen mit Artikel und Präposition vor. Diese Verbindungen haben eine idiomatisierte Bedeutung und können nicht mit Attributen stehen. Sie werden trotzdem großgeschrieben (*des Weiteren*). In bestimmten Fällen ist sowohl Groß- als auch Kleinschreibung möglich (*von Neuem/neuem*).

Erstarrte Verbindungen dieser Art kommen in mehreren Formen vor. (a) im Genitiv mit bestimmtem Artikel: *des Weiteren, des Öfteren, des Näheren, des Langen und Breiten.* (b) mit Artikel und Präposition: *auf dem Laufenden, über ein Kleines.* In Anlehnung an den Superlativ mit *am* können mit *wie* erfragbare Wendungen mit *aufs/auf das* auch kleingeschrieben werden *aufs/auf das beste/Beste, aufs/auf das herzlichste/Herzlichste.* (c) mit Verschmelzung aus Artikel und Präposition: *im Argen, im Klaren, im Großen und Ganzen, im Wesentlichen, im Allgemeinen, im Übrigen, im Dunkeln, zum Besten.* Entsprechende Formen des Superlativs werden kleingeschrieben: *am schönsten, am klügsten* (erfragt mit *wie*). (d) nur mit Präposition(en): *seit langem/Langem, vor kurzem/Kurzem, von neuem/Neuem, von weitem/Weitem, ohne weiteres/Weiteres, bis auf weiteres/Weiteres.*

Pronomen, Zahlwörter und Mengenadjektive

R37 Pronomen, Zahlwörter (Kardinalzahlen) und Mengenadjektive werden im Allgemeinen kleingeschrieben. Großschreibung kommt bei eindeutiger Substantivierung vor.

(a) Pronomen: *dieser, jener, mancher, keiner, jeder, meiner, unser, alles, etwas.* Groß- und Kleinschreibung ist möglich in Fällen wie *die meinen/Meinen, das seine/Seine, die unseren/Unseren.* Großgeschrieben wird in Fällen wie *das gewisse Etwas, das Mein und Dein, das Du.* (b) Zahlwörter. Wörter für Kardinalzahlen unter eine Million werden kleingeschrieben: *Sie waren fünf. Alle fünf sind unschuldig. Du zählst bis fünf.* Als Mengensubstantive können *hundert* und *tausend* großgeschrieben werden: *mehrere hundert/Hundert, viele tausende/Tausende.* Ab *eine Million* wird großgeschrieben. Bei Bezeichnung einer Zahl mit Artikelwort und Zahlsubstantiv wird großgeschrieben: *Sie wählt die Vier, würfelt eine Sechs und setzt auf die Dreißig.* (c) Mengenadjektive: *viel, wenig, ein, ander* werden mit allen Formen kleingeschrieben. Eindeutige Substantivierungen können auch großgeschrieben werden: *die vielen/Vielen, das meiste/Meiste, ein weniges/Weniges, der eine/Eine, der eine oder andere/Eine oder Andere, ein anderer/Anderer.*

Großschreibung beim Bindestrich

R38 Bei Komposita und Wortreihen mit Bindestrich werden substantivische Bestandteile großgeschrieben. Bei substantivischen Komposita und Wortreihen wird der erste Bestandteil großgeschrieben. Abkürzungen sowie zitierte Wortformen oder Buchstaben bleiben unverändert.

Substantivische Komposita und Wortreihen: *die Wärmedämm-Verordnung, ein Zwei-Personen-Haushalt, das Auf-der-Lauer-Liegen, die S-Kurve.* Komposita und

Wortreihen mit Abkürzungen, zitierten Wortformen und Einzelbuchstaben: *die km-Pauschale* (auch *Kilometerpauschale*), *der pH-Wert, der dass-Satz, die x-Achse.*

Fremdwörter

Substantivische Fremdwörter werden großgeschrieben, auch im Inneren mehrteiliger Fügungen (s. a. R30). **R39**

Einfache fremde Substantive: *das Andante, der Discount, die Lady*. Mehrteilige Fügungen mit Substantiv im Inneren: *das Happy End* (auch: *Happyend*), *das Corpus Delicti, die Alma Mater, die High Fidelity, der Easy Rider, der Hair-Stylist* (auch *Hairstylist*). Mehrteilige Fügungen ohne Substantiv im Inneren: *das Go-in, die Crème fraîche, der Homo sapiens.*

Feste Wendungen aus fremden Sprachen werden wie in der fremden Sprache geschrieben, z. B. *in flagranti, de jure, à la carte.*

Feste Verbindungen

Feste Verbindungen aus Adjektiv und Substantiv, die eine begriffliche Einheit bilden, können großgeschrieben werden. **R40**

Schwarzes/schwarzes Brett, Goldener/goldener Schnitt, Kleine/kleine Anfrage, Runder/runder Tisch, Erste/erste Hilfe. Solche Verbindungen (‚Phraseme', ‚Nominationsstereotype') haben einerseits gewisse Worteigenschaften, andererseits die Form einer Wortgruppe. Sie bilden gemeinsam den Kern von Nominalgruppen und haben eine idiomatisierte Gesamtbedeutung. Durch Großschreibung kann verdeutlicht werden, dass diese Gesamtbedeutung gemeint ist: Ein langes schwarzes Brett kann sowohl lang als auch schwarz sein, ein langes Schwarzes Brett ist lang, es muss aber weder schwarz noch ein Brett sein. Feste Regeln für Großschreibung lassen sich aber nicht aufstellen.

Substantive in festen, offenen Konstruktionen werden großgeschrieben. **R41**

Eine feste Konstruktion enthält nur festliegende grammatische Positionen. Sie ist offen, wenn jede der Positionen mit einer größeren Anzahl von Wörtern besetzt werden kann. Dazu gehören (a) der adverbiale Genitiv aus Adjektiv und Substantiv: *schnellen Schrittes, schweren Herzens, guten Mutes, müden Sinnes*; (b) Adverbiale zur Bezeichnung von Tageszeiten aus Adverb und Substantiv: *heute Morgen, morgen Nachmittag, vorgestern Nacht*. Man sollte überlegen, diese Regel zu erweitern auf Fälle wie *Freitag Abend* neben *Freitagabend*.

Umgekehrt kommen Wörter, die dieselbe Form wie Substantive haben, in Konstruktionen vor, die typisch für andere Wortarten sind. Sie sind dann keine Substantive und werden kleingeschrieben. So enthält *Ihr ist schlecht* das prädikative Adjektiv *schlecht*. Analog dazu wird *angst* in *Ihr ist angst* kleingeschrieben, es ist Adjektiv. Dagegen ist *Angst* in *Sie hat Angst* mit Artikelwörtern wie Attributen verbindbar und ist Substantiv *(Sie hat eine unüberwindliche Angst vor Hunden)*. Ähnlich in *Ihm ist bange. Sie ist klasse/pleite/schuld/spitze. Es ist ihr leid/recht/schnuppe. Sie ist ihm gram. Es tut not/weh*. Beide Schreibungen sind möglich bei *Sie hat recht/Recht* und *Sie hat unrecht/Unrecht*. Aus Substantiven können auch Wörter anderer Wortarten abgeleitet werden, z. B. Präpositionen wie in *zeit seines Lebens, dank deiner Bemühung*.

3.4.3 Eigennamen und ihre Ableitungen

R42 Eigennamen werden großgeschrieben.

Mit Eigennamen werden Lebewesen, Gegenstände, Orte, Ereignisse und Institutionen als jeweils Einzelnes (als Individuum) innerhalb einer Menge identifiziert. Mit dem Eigenname greift man ein Element aus der Menge heraus. So bezieht man sich mit *Ramsauer* auf eine Person innerhalb einer Menge von Personen oder auf eine Familie innerhalb einer Menge von Familien, mit *Augsburg* auf einen Ort innerhalb einer Menge von Orten. Auch Amts- und Ehrenbezeichnungen wie *Regierender Bürgermeister, Heiliger Vater, Leitender Staatsanwalt* fallen unter die Eigennamen.

Ein großer Teil der Eigennamen besteht aus genau einer Wortform (*Ramsauer, Theresa, Augsburg, Lessingplatz, Bussard, Petersdom*). Solche Eigennamen gehören zu den Substantiven und werden großgeschrieben.

Besteht ein Eigenname aus mehreren Wortformen, werden alle großgeschrieben. Nur Präpositionen, Konjunktionen und Artikel schreibt man klein, z. B. *Friedrich der Zweite, Friedrich von Hohenzollern, der Alte Fritz, von Polenz, Neustadt an der Dosse, der Irak*. Bei Eigennamen, die aus Adjektiv und Substantiv bestehen wie in *Physikalisches Institut, Blätter für Europäische Volkskunde* oder die als Fachbegriffe zu gelten haben, weil sie in Begriffshierarchien feste Positionen haben und beispielsweise in der Biologie Gattungen oder Arten bezeichnen (*Schwarzer Milan, Kleinblütiges Weidenröschen*), entsprechend auch *Multiple Sklerose, Gelbe Karte, Großes Latinum,* kann der adjektivische Bestandteil großgeschrieben werden. Die Bedeutung solcher Wortgruppen ist teilweise transparent, also aus den Bedeutungen der Bestandteile herleitbar. Insofern ist die geltende Regelung sinnvoll.

Manchmal wird ein Artikel als erste Wortform zum festen Bestandteil eines Eigennamens gemacht. Im Nominativ wird er dann großgeschrieben, z. B. *Der Tagesspiegel, Die Welt, Die Brille*. Erscheint der Artikel im laufenden Text in anderer als der Grundform, dann wird er auch hier kleingeschrieben, z. B. *Es steht im Tagesspiegel, aber nicht in der Welt.*

> Ableitungen von geographischen Eigennamen auf *-er* werden großgeschrieben. Ableitungen von Personennamen auf *'sch* werden großgeschrieben. **R43**

In Nominalgruppen wie *der Schweizer, der Hamburger* sind *Schweizer* und *Hamburger* Substantive und werden deshalb großgeschrieben. In *die Schweizer Küche* und *der Hamburger Hafen* fungieren sie dagegen als unflektierte adjektivische Attribute. Aber auch in dieser Verwendung werden sie großgeschrieben.

Ableitungen von Personennamen mit dem Suffix *-(i)sch* sind Adjektive und werden deshalb kleingeschrieben (*die luthersche Bibelübersetzung, das Versmaß goethescher Gedichte*). Zur Hervorhebung des Personennamens kann das Suffix *-sch* in allen Flexionsformen durch Apostroph von der Grundform des Eigennamens abgetrennt werden. Er wird dann großgeschrieben, z. B. *die Luther'sche Bibelübersetzung, das Versmaß Goethe'scher Gedichte.*

3.4.4 Höflichkeitsformen

> Das Anredepronomen *Sie* und das zugehörige Possessivum *Ihr* werden mit allen Flexions- und Ableitungsformen großgeschrieben. **R44**

Wie geht es Ihnen? Ist das Ihr Mantel? So weit bekannt, bestehen Ihrerseits keine weiteren Bedenken. Auch veraltete Anredeformen werden großgeschrieben: *Habt Ihr es Euch überlegt, Fürst von Gallenstein? Angela, führe Sie die Gäste bitte herein.* Dasselbe gilt für Pronomina in Titeln, die zur Anrede verwendet werden können: *Dies hat Seine Majestät geschrieben. War Eure Exzellenz zu jener Zeit in der Kirche?*

R45 Die Anredepronomen *du* und *ihr* sowie die zugehörigen Possessiva *dein* und *euer* werden mit allen Flexions- und Ableitungsformen kleingeschrieben. Großschreibung ist in Briefen zum Ausdruck von Höflichkeit und sozialer Distanz möglich.

Wie geht es dir/Dir? Ist das dein/Dein Mantel? So weit bekannt, bestehen eurerseits/Eurerseits keine weiteren Bedenken.

3.5 Zeichensetzung

Die Domäne der Zeichensetzung umfasst Satzzeichen wie Komma und Semikolon (an Phrasen und Sätze gebunden) auf der einen und Wortzeichen wie Apostroph und Bindestrich (an Wortformen gebunden) auf der anderen Seite. Einige der Zeichen wie Punkt, Klammern und Schrägstrich sind auf beide Weise verwendbar. Die Unterscheidung bleibt trotzdem sinnvoll, weil sie die Systematik unserer Zeichensetzung erhellt. Wir legen sie der Gliederung dieses Teils des Regelwerks zugrunde. Der Redewiedergabe und dem Komma als satzinternes Gliederungszeichen wird wegen ihrer überragenden praktischen Bedeutung jeweils ein eigener Hauptabschnitt gewidmet.

Gliederung
1. Wortzeichen
2. Satzzeichen
   - Satzschlusszeichen
   - Satzzeichen für die satzinterne Gliederung
3. Redewiedergabe
4. Das Komma

3.5.1 Wortzeichen

Zu den Wortzeichen gehören der Apostroph, der Binde- Ergänzungs- und Trennstrich sowie in bestimmten Verwendungen Anführungszeichen, Klammern, Punkt und Schrägstrich. Zum Binde- und Ergänzungsstrich Abschnitt 3.3, zum Trennstrich auch Abschnitt 3.6.

Der Apostroph wird bei Auslassungen am Rand oder im Inneren von Wortformen gesetzt. Was ausgelassen ist, ergibt sich aus der verwendeten Form. Ein Wort im Sinne dieser Regel ist durch Spatien oder Schlusszeichen begrenzt. **R46**

(a) Stehen Eigennamen, deren Grundform mit einem *s*-Laut (im Geschriebenen *s, z, ß, z, x*) endet, ohne Artikelwort, so wird statt der Genitivendung ein Apostroph gesetzt: *Ines' Bruder, Camus' Schriften, Boulez' Werke, Asterix' Taten*). (b) Im Wortinneren: *auf'n Senkel, heil'ger Strohsack, Ku'damm, D'-dorf.* (c) Man kann einen Apostroph setzen, um Auslassungen beispielsweise bei der Wiedergabe gesprochener Äußerungen zu verdeutlichen: *'ne Frechheit; Ham S' scho' g'hört?*

Wenn in einem mit *sch* von einem Eigenname abgeleiteten Adjektiv der Name besonders hervorgehoben werden soll, kann ein Apostroph verwendet werden. Das Ganze wird dann großgeschrieben: *Ohm'sches Gesetz, Camus'sche Werke*, ohne Apostroph wird das Adjektiv kleingeschrieben *(ohmsches Gesetz, camussche Werke).*

Mit einem Punkt kennzeichnet man Abkürzungen von Wörtern, in **R47**
einigen Fällen auch von Wortgruppen oder von Wörtern in Wortgruppen. Viele gängige Abkürzungen werden ohne Punkt geschrieben.

usw., sog., d. h., z. B., i. R., Abk., Dipl.-Ing., Dr.-Ing., Abt., lfd. Nr., u. A. w. G.. Ohne Punkt z. B.: *m, mm, cm, kg, BGB, AG, TÜV.* In manchen Fällen werden beide Schreibweisen verwendet.

Der Schrägstrich dient dazu, Wörter als zusammengehörig oder als Alter- **R48**
nativen zu kennzeichnen. Auch wortinterne Klammern dienen dazu, Alternativen zu kennzeichnen, die der Schreiber ins Spiel bringen möchte.

Schrägstrich. *SPD/FDP-Koalition, November/Dezember, falls/wenn, dass/ob-Sätze, Straßen/Schienen-Verkehr.* Der Schrägstrich wird auch statt des Wortes *pro* verwendet: *km/h, Unfälle/Jahr, Bierkonsum/Einwohner.*
Klammer. *(haupt)beruflich, un(ver)mittelbar, der Klein(st)e, die Lehrerin(nen)*

Anführungszeichen können gesetzt werden, um ein Wort oder die Ver- **R49**
wendung eines Wortes oder einer Wortgruppe als ungewöhnlich oder

befremdlich zu kennzeichnen, z. B. als übertragen, fachsprachlich erläuternd, ironisch oder als einen Ausdruck, den man ‚eigentlich' nicht verwenden möchte. Häufig werden dazu einfache Anführungszeichen (sog. gnomische Hervorhebung) verwendet. Fehlen sie, fällt das meistens nicht auf. Wo sie stehen, kann häufig auch *sog.* verwendet werden (s. a. R58).

Die Ergänzung steht im Dativ (‚Zuwendgröße'); Verwenden Sie besser keinen Cyanwasserstoff (‚Blausäure'); ihre neuerliche ‚Grippe'; Früher sprach man von ‚Jugendbesserungsanstalt'; Sowas bezeichnet man jetzt als ‚Populismus'.

3.5.2 Satzzeichen

Punkt, Frage- und Ausrufezeichen als Satzschlusszeichen

Kommunikative Grundeinheit im geschriebenen Text ist der Satz. Folgen einem Satz keine weiteren Sätze, dann stehen als Schlusszeichen der Punkt, das Fragezeichen und das Ausrufezeichen zur Verfügung.

R50 Das normale Schlusszeichen eines Satzes als kommunikativer Grundeinheit des Geschriebenen, die auch grammatisch abgeschlossen ist, ist der Punkt.

Unter einem Satz im Sinne von R50 ist einmal ein Ausdruck zu verstehen, der im grammatischen Verständnis von ‚Satz' vollständig ist. Als Schlusszeichen dient der Punkt aber auch zur Abgrenzung von Ausdrücken, die nicht als grammatische Sätze, wohl aber als kommunikative Äußerungen vollständig sind. Etwas widersinnig spricht man hier häufig vom ‚Ganzsatz', wir bleiben beim einfachen ‚Satz'. Es werden Sinneinheiten abgegrenzt, die man außerhalb des Textes nur teilweise als Sätze ansehen würde:

Deshalb sahen wir uns gezwungen, sofort eine Erklärung abzugeben. Wahrscheinlich haben wir unsere Kompetenzen damit überschritten. Wahrscheinlich. Denn die Kommission hätte wohl gefragt werden müssen. Jedenfalls aber benachrichtigt werden sollen.

Die Ausdrücke *Wahrscheinlich* und *Jedenfalls aber benachrichtigt werden sollen* sind ohne weiteres durch Punkte abschließbar. Für den Schreiber erhebt sich gar nicht die Frage, ob er sich dabei im Einklang mit einer Definition von ‚grammatisch vollständiger Satz' befindet und für den Leser gibt es keinerlei Verständnisproblem.

Fragezeichen und Ausrufezeichen markieren wie der Punkt den Schluss von Sätzen, sind dem Punkt gegenüber aber in ihrer Funktion spezialisiert.

Mit dem Fragezeichen kennzeichnet man einen Satz als Frage. Mit dem Ausrufezeichen kennzeichnet man einen Satz als mit Nachdruck geäußert. **R51**

Das Fragezeichen markiert eine Aufforderung an den Leser, sein vorgängiges Wissen mit dem vom Schreiber eingebrachten Wissen zu überschreiben. Das geschieht unabhängig von der Form des Ausdrucks. So könnte es heißen *Wahrscheinlich haben wir unsere Kompetenzen damit überschritten. Wahrscheinlich? Nein, ganz bestimmt*. Das Fragezeichen wird auch verwendet, wenn ein Ausdruck mit der Form eines Fragesatzes auch als Frage zu verstehen ist, z. B. *Melden Sie das der Polizei? Warum melden Sie das der Polizei?*

Sozusagen umgekehrt fordert das Ausrufezeichen den Leser auf, sein Wissen in Frage zu stellen und das vom Schreiber mitgeteilte zu übernehmen. Meist spricht man davon, Inhalt oder Form einer Aussage hätten als ‚nachdrücklich' zu gelten. Mit *Wahrscheinlich haben wir unsere Kompetenzen damit überschritten. Wahrscheinlich*! etwa wird der Leser aufgefordert, zu überlegen, warum gerade dieser Ausdruck verwendet wurde und nicht andere wie *möglicherweise, ganz bestimmt, auf keinen Fall*. Das Ausrufezeichen steht auch, wenn eine Einheit die Form eines Aufforderungssatzes hat und als Aufforderung zu verstehen ist, z. B. *Bring bitte auch Brot mit! Dann aber los!* Der Schreiber fordert den Leser auf, seine eigenen Handlungsabsichten zugunsten der vom Schreiber mitgeteilten aufzugeben.

Ausrufezeichen und Fragezeichen können in der beschriebenen Funktion auch Teilen von Sätzen zugeordnet werden. Häufig stehen sie dann in Klammern: *Wahrscheinlich (!) haben wir unsere (?) Kompetenzen damit überschritten*. Die Wirksamkeit derartiger textrhetorischer Mittel bleibt allerdings an ihre sparsame Verwendung gebunden.

Semikolon, Komma und Doppelpunkt als Schlusszeichen

Semikolon, Komma und Doppelpunkt können als Schlusszeichen dort stehen, wo der Punkt im Text zwischen zwei Sätzen erscheint. Nach Semikolon und Komma wird kleingeschrieben, nach Doppelpunkt nur, wenn kein grammatisch vollständiger Satz folgt. **R52**

Die Verwendung von Semikolon und Komma statt des Punktes dient häufig auch dem Textfluss. Satzgrenzen werden durchlässiger gemacht. Das Semikolon schließt einen Satz grammatisch ab, das Komma nicht unbedingt. Der Doppelpunkt schließt ebenfalls ein Satz grammatisch ab, weist aber inhaltlich voraus. Es wird signalisiert, dass der nachfolgende Satz oder Text eine Information enthält, mit der zu rechnen ist:

Deshalb sahen wir uns gezwungen, sofort eine Erklärung abzugeben; wahrscheinlich haben wir unsere Kompetenzen damit überschritten, wahrscheinlich: Denn die Kommission hätte wohl gefragt werden müssen, jedenfalls aber benachrichtigt werden sollen.

Satzzeichen für die satzinterne Gliederung

Zu den Satzzeichen, die zur satzinternen Gliederung verwendet werden können, gehören Semikolon, Doppelpunkt, Gedankenstrich, Klammern, Auslassungspunkte und Anführungszeichen in der Redewiedergabe.

Semikolon

R53 Mit dem Semikolon können nebengeordnete Ausdrücke in Aufzählungen abgegrenzt werden, wenn sie nicht durch nebenordnende Konjunktion verbunden sind:

(a) Semikolon als Satzschlusszeichen: *Die Restauration hatte sich in einen Saal der adligen Gesellschaft verwandelt. Um neun Uhr war alles versammelt, die Fürstin und ihre Tochter waren die letzten; viele Damen sahen sie neidisch und übelwollend an.*

(b) Semikolon bei Aufzählungen: *Der betrunkene Hauptmann schien besonders zufrieden; rieb sich die Hände; lachte dröhnend und zwinkerte seinem Genossen zu.* Man erkennt, wie das Semikolon in (a) den Textfluss beschleunigt und in (b) den Textfluss verlangsamt.

Doppelpunkt

R54 Mit einem Doppelpunkt wird wie in R53 Information angekündigt, die zu erwarten ist.

Wir benötigen: Hammer, Zange, Schraubenzieher. Mitzubringen sind: warme Decke, Socken, Wasserflasche. Vorsicht: Fußangeln und Selbstschüsse.

Gedankenstrich

Ein Gedankenstrich kann gesetzt werden, wenn der nachfolgende Ausdruck fokussiert, sein Auftauchen als unerwartet oder bemerkenswert markiert werden soll. Inhaltlich soll eine Neu- oder Umorientierung erfolgen. Auch Einschübe jeder Art können in Gedankenstriche eingeschlossen werden. R55

(a) Einfacher Gedankenstrich: *Diese Zeitung – schreibt nur die Wahrheit.*
Diese Zeitung schreibt – nur die Wahrheit.
Diese Zeitung schreibt nur – die Wahrheit.
Diese Zeitung schreibt die Wahrheit. –
Sie lebt davon.

(b) Doppelter Gedankenstrich: *Eines Tages – es war mitten im Sommer – hagelte es.*
Eines Tages – mitten im Sommer – hagelte es.

Klammern

Einschübe und Nachträge jeder Art können in Klammern gesetzt werden. Mit Klammern bringt sich der Schreiber selbst als Kommentator ins Spiel. Auch grammatisch integrierte Ausdrücke können in Klammern gesetzt werden, soweit sie fakultativ sind. R56

(a) Parenthesen: *Er hat die Wohnung (sie war seine erste überhaupt) nach zwei Wochen wieder verlassen. Ein Hin- und Rückflug kostet (sie will es kaum glauben) weniger als ein einfacher Flug.*
(b) Appositionen: *Aus Brasilien (dem größten Land Südamerikas) kommt der beste Kaffee. Karl May (Vertreter der Bundesrepublik Deutschland) wurde Dritter. Karl May (Bundesrepublik Deutschland) wurde Dritter.*
(c) Integrierte Satzteile: *Sie ist (hier) beliebt. Sie hilft (freiwillig).*

Häufig sind Klammern als Aufforderung zu verstehen, die Bedeutung des Ausdrucks einschließlich des eingeklammerten Teils der Bedeutung des Ausdrucks ohne diesen Teil gegenüberzustellen. Bei *der (rote) Schal* geht es um den im Kontext genannten Schal, wobei daran erinnert wird, dass es sich um den roten handelt.

Klammern werden in der Regel so gesetzt, dass der Gesamtausdruck auch ohne den eingeklammerten Teil grammatisch bleibt. Man kann etwa schreiben *Er hat den (roten) Schal selbst gehäkelt*, nicht aber **Er hat (den) roten Schal selbst gehäkelt*.

Auslassungspunkte

R57 Mit drei Punkten als Auslassungspunkten wird signalisiert, dass ein bekannter oder unbekannter Teil eines Wortes oder einer größeren Einheit ausgelassen wurde und nicht, wie beim Apostroph, ausschließlich ein bekannter Teil eines Wortes. Auslassungspunkte können den Punkt als Satzschlusszeichen ersetzen.

Er aber sag's ihm, er kann mich ...! Er aber sag's ihm, er kann mich im A...! Das Ewig-Weibliche ...

Zeichensetzung bei speziellen Textteilen

R58 Für zahlreiche Textteile mit spezifischer, genau festgelegter Funktion ist die Zeichensetzung strikt geregelt. Nur bestimmte Setzungen sind zugelassen, alle anderen bleiben ausgeschlossen. Die Beachtung solcher Festlegungen dient der Einheitlichkeit und Übersichtlichkeit des Textaufbaus, eine im engeren Sinne grammatische Funktion liegt nicht vor.

Beispielsweise setzt man im Deutschen nach Überschriften keinen Punkt, auch wenn die Überschrift ein vollständiger Satz ist. Nach Anredeformeln im Brief setzt man ebenfalls keinen Punkt, es kann aber ein Komma stehen. Für das Datum in Briefen und vergleichbaren Texten stehen Schreibweisen wie die unter (a) (und neuerdings weitere wie 2009.05.14 oder 2009-05-14) zur Verfügung, nicht aber die unter (b).

(a)		(b)	
	Dienstag, 14.5.2009		*Dienstag; 14.5.2000
	14.5.2009		*14,05.09.
	14.05.09		*14.05,09

Konventionen dieser Art sind nur teilweise im amtlichen Regelwerk niedergelegt, teilweise finden sie sich in nichtamtlichen Richtlinien für das Schreiben auf Maschine oder Computer. Sie werden an dieser Stelle nicht weiter dargestellt. Es ging im Vorausgehenden ja vor allem um den Gebrauch der Satzzeichen im laufenden Text.

3.5.3 Redewiedergabe

Anführungszeichen

> Wörtlich wiedergegebene Ausdrücke jeder Art setzt man in Anführungszeichen. Damit wird signalisiert, dass jemand anderes als der Schreiber zu Wort kommt. **R59**

(a) Wörtlich wiedergegebene Äußerungen, Zitate oder Gedanken. Meist spricht man zusammenfassend von direkter Rede: *Arnd Morkel schreibt: „Wie jede Institution braucht auch die Universität einen klaren Begriff von sich selbst."*

(b) Ausdrücke, über die etwas ausgesagt wird: *„Philosophie" ist ein altes deutsches Fremdwort. Die Nominalgruppe „guten alten Wein" steht im Akkusativ* (s. a. R49).

Statt der doppelten Anführungszeichen werden auch einfache Anführungszeichen, Fettdruck, Kursivschrift, Unterstreichung oder andere Mittel zur Hervorhebung verwendet, z. B. *‚Philosophie'*/***Philosophie***/<u>Philosophie</u> *ist ein altes deutsches Fremdwort.* Einfache Anführungszeichen verwendet man auch bei Redewiedergabe innerhalb einer Redewiedergabe: *Luise sagt: „Mein Sohn fragt ‚Mama, was gibt's heute Mittag?', immer als Erstes."*

Doppelpunkt und Komma

In der Regel wird die direkte Rede als Bestandteil eines übergeordneten Satzes eingeführt, in dem spezifiziert ist, welcher Art das Wiedergegebene ist, d. h. ob jemand etwas gesagt, behauptet, geschrieben, sich vorgestellt hat. Dies nennt man den Begleitausdruck der direkten Rede.

> Geht der Begleitausdruck der direkten Rede voraus, so wird diese durch Doppelpunkt angekündigt. Ist der Begleitausdruck in die direkte Rede eingeschoben oder ihr nachgestellt, so wird er durch Komma abgegrenzt. **R60**

(a) Doppelpunkt als Ankündigung: *Karl behauptet: „Gerhard bekommt mühelos das hohe Fis."*
(b) Komma zur Abgrenzung des Begleitausdrucks: *„Gerhard bekommt", so behauptet Karl, „mühelos das hohe Fis."* oder *„Gerhard bekommt mühelos das hohe Fis", behauptet Karl.* Im letzteren Fall erhält die wiedergegebene Rede selbst ein Satzschlusszeichen nur dann, wenn dies ein Frage- oder Ausrufezeichen ist, nicht aber einen Punkt: *„Bekommt Gerhard das hohe Fis?", fragte Karl.*

Schlusszeichen

R61 Wird die direkte Rede mit dem Ende des Gesamtsatzes abgeschlossen, dann folgt ihrem Satzschlusszeichen (das vor dem Anführungszeichen steht) kein weiterer Punkt. Es kann aber ein Frage- oder ein Ausrufezeichen folgen.

(a) Mit Punkt bei der direkten Rede: *Karl behauptet: „Gerhard bekommt mühelos das hohe Fis."* Nicht aber **Karl behauptet: „Gerhard bekommt mühelos das hohe Fis.".* Mit Fragezeichen bei direkter Rede: *Karl fragt: „Bekommt Gerhard das hohe Fis?"* Ebenso beim Ausrufezeichen.
(b) Mit Fragezeichen nach dem Gesamtsatz: Hier kann es zu unschöner Häufung von Satzzeichen kommen, etwa wenn sowohl das Wiedergegebene als auch der Gesamtsatz als Frage gekennzeichnet wird: *Hat Karl gefragt: „Bekommt Gerhard das hohe Fis?"?* Ebenso beim Ausrufezeichen.

3.5.4 Das Komma

Das Komma ist in den vorausgehenden Regeln schon mehrfach erwähnt worden. Jetzt soll es um das Komma zur satzinternen Gliederung gehen, das ist der Bereich, in dem die ‚klassischen Kommaregeln' gelten. Wo ein Komma steht, richtet sich danach, wie ein Satz grammatisch gegliedert ist.

Grammatische Nebenordnung

Zwei oder mehr sprachliche Ausdrücke können einander grammatisch nebengeordnet sein, entweder als einfache Verknüpfung (Gleichstellung) oder als Reihung (Aufzählung).

Grammatisch nebengeordnete Ausdrücke innerhalb eines Satzes werden durch eine nebenordnende Konjunktion oder durch Komma verbunden. **R62**

(1) Nebenordnende Konjunktionen im Sinne dieser Regel sind solche, die mehrfach nacheinander verwendet werden können, wie *oder* in *Kleist oder Schiller oder Goethe*. Zu dieser Gruppe gehören *und, oder, entweder ... oder, beziehungsweise/bzw., wie, sowie, nicht ... noch, sowohl ... als auch/wie (auch), weder ... noch, denn, respektive*.
Beispiele, jeweils mit Komma oder Konjunktion: *Kleist, Schiller, Goethe* vs. *Kleist, Schiller und Goethe* vs. *Kleist und Schiller und Goethe*; *Haydn, Gluck, Mozart* vs. *Haydn, Gluck bzw. Mozart* vs. *Haydn bzw. Gluck bzw. Mozart*; *Sowohl Einstein als auch Heisenberg, Boltzmann, Planck* vs. *Sowohl Einstein als auch Heisenberg als auch Boltzmann als auch Planck*. Die Konjunktion *denn* verbindet nur Verbzweitsätze: *Sie fährt rechtzeitig los, denn sie möchte pünktlich ankommen, denn so ist es verabredet.*

(2) Verbinden nebenordnende Konjunktionen selbständige Sätze, so kann das Komma auch zusätzlich zur Konjunktion stehen. Beispiele, jeweils mit fakultativem Komma: *Helga liest(,) und Karl gießt die Blumen; Entweder Putin kommt nach Berlin(,) oder Merkel fährt nach Moskau(,) oder beide treffen sich in Warschau.*

(3) Stehen bei einem Substantiv mehrere adjektivische Attribute, dann können diese einander nebengeordnet sein. Die Nebenordnung wird wie sonst durch Komma oder Konjunktion angezeigt: *eine andere, gute Nachricht* vs. *eine andere und gute Nachricht*. Mit der Nebenordnung wird ausgesagt, dass die andere Nachricht auch gut ist. Ohne Komma liegt keine Nebenordnung vor, sondern nur das zweite (allgemein das dem Substantiv am nächsten stehende) Adjektiv ist auf das Substantiv bezogen. Das erste Adjektiv *andere* bezieht sich dann auf den Ausdruck *gute Nachricht* insgesamt, und die Nominalgruppe *eine andere gute Nachricht* bedeutet, dass von mehreren guten Nachrichten die Rede ist.

(4) Als einfach (d. h. nicht wiederholbare) nebenordnende Konjunktionen werden auch *aber, sondern* und *jedoch* verwendet. Ausdrücke, die mit einer dieser Konjunktionen nebengeordnet sind, werden durch Komma voneinander getrennt: *Paul ist ziemlich unzuverlässig, aber er ist selten unpünktlich. Helga wohnt nicht in Sydney, sondern in Schönefeld. Sie fliegt regelmäßig nach Frankfurt, jedoch noch häufiger nach Leipzig.*

Interne Satzgrenzen

R63 An satzinternen Satzgrenzen wird ein Komma gesetzt. Grenzen in diesem Sinn treten bei Herausstellungen, Einschüben und Anfügungen, Nebensätzen sowie Infinitiv- und Partizipialgruppen auf. In einigen solcher Fälle ist das Komma fakultativ.

Herausstellungen

R64 Nach links oder rechts aus einem Satz herausgestellte Ausdrücke werden durch Komma abgetrennt. Sie sind in der Regel an ein Bezugswort innerhalb dieses Satzes gebunden.

Als Bezugswörter treten vor allem Personalpronomen auf wie in *Sabine liest ihn zweimal, den Artikel* oder *Den Artikel, Sabine liest ihn zweimal.* Auch andere Pronomen kommen vor wie das Demonstrativum in *Seine ältere Schwester, die hat ihm viel beigebracht* oder *Billig einzukaufen, das gefällt den Leuten.* Besonderer Erwähnung bedürfen Sätze mit Formen des Imperativs. In *Gisela, fahr du bitte zuerst ab* fungiert *du* wie üblich als Bezugswort. Ein Imperativsatz kann aber auch subjektlos sein: *Gisela, fahr bitte zuerst ab.* Solche Sätze sind analog zu denen mit Bezugswort strukturiert, es wird ein Komma gesetzt.

Einschübe und Anfügungen

Ein Satz kann Einschübe und Anfügungen enthalten, die einer Erläuterung, Kommentierung, Stellungnahme oder Aufforderung dienen. Sie haben gemeinsam, dass sie nicht in den übergeordneten Satz grammatisch integriert sind.

R65 Erläuternde Einschübe und Anfügungen werden durch Komma abgetrennt. In der Regel sind sie grammatisch nichtintegriert.

(1) Parenthesen. Den Kernbereich von Parenthesen bilden eingeschobene erläuternde, inhaltlich orientierende Sätze: *Sie kauft, das wird sich auch nicht ändern, nur französischen Rotwein; Die Landesregierung unterstützt Investitionen, das wurde jetzt mitgeteilt, nach wie vor mit günstigen Krediten.* Ein parenthetischer erläuternder und orientierender Einschub im Sinne der Kommaregelung liegt auch in folgendem Satz vor: *Sabine liest den Artikel, die Abhandlung über das Komma, zweimal.* Herausstellung der Parenthese

ist möglich, aber häufig grammatisch fragwürdig: *Sabine liest den Artikel zweimal, die Abhandlung über das Komma* ebenso auch *Die Abhandlung über das Komma, Sabine liest den Artikel zweimal.*

Erläuterungen eines anderen Typs sind eingeleitet mit Ausdrücken wie *also, besonders, das heißt (d. h.), das ist (d. i.), genauer, insbesondere, nämlich, und das, und zwar, vor allem, zum Beispiel (z. B.)*: *Italienisches Gemüse, besonders Tomaten und Zucchini, kauft sie immer wieder gern; Italienisches Gemüse kauft sie immer wieder gern, besonders Tomaten und Zucchini; Paula bricht zu einer längeren Reise, genauer zu einer Dienstreise, nach Belgien auf.*

(2) Als Anfügung kann sich eine Erläuterung auf ein adjektivisches Attribut oder auf ein Partizip innerhalb einer zusammengesetzten Verbform beziehen. Dann wird kein schließendes Komma gesetzt: *Auf der Ausstellung waren viele ausländische, vor allem holländische Firmen vertreten. Er wird sein Herz ausgeschüttet, das heißt alles erzählt haben.*

(3) Appositionen. Man unterscheidet enge Appositionen wie die jeweils zweite Nominalgruppe in *die Hebamme Elisabeth Schulz* oder *drei Liter frische Milch*, die zu den Attributen gehören, von lockeren Appositionen. Letztere sind nicht in die übergeordnete Nominalgruppe integriert, gehören nicht zu den Attributen und werden durch Komma abgetrennt. An erster Stelle handelt es sich um Nominalgruppen, die einem Substantiv als nähere Bestimmungen nachgestellt sind: *Konrad Duden, Direktor des Gymnasiums Hersfeld, ist in Wiesbaden begraben. Sein neues Auto, ein schwarzer Golf, hat leider nur zwei Türen.* Lockere Appositionen stehen in einer *ist*-Relation zum Kern: *Konrad Duden ist Direktor ...*

Bei mehrteiligen Orts- und Zeitangeben, einschließlich solcher zum Hinweis auf Literaturstellen, ist das schließende Komma fakultativ: *Karl May, Radebeul bei Dresden(,) war ein rechter Stubenhocker. Am Samstag, 3. Mai 2014(,) gehen wir ins Stadion. In der Bildzeitung, Nr. 33 vom 6. Februar(,) wird der Rücktritt des Ministers angekündigt.*

(4) Auch syntaktisch integrierte Ausdrücke wie Attribute und adverbiale Bestimmungen können durch Kommas als Einschübe gekennzeichnet werden. Das Komma erscheint dann fakultativ, sein Erscheinen oder Nichterscheinen zeigt aber unterschiedliche Konstruktionen an. Ohne Komma liegt ein syntaktisch integrierter Ausdruck vor, mit Komma ein nichtintegrierter Einschub: *Die Fahrtkosten(,) einschließlich ICE-Zuschlag(,) betragen 25,00 Euro. Sie hatte(,) trotz aller guten Vorsätze(,) wieder zu rauchen angefangen.*

Eine besondere Form von adverbialer Bestimmung stellen Partizip- und Adjektivgruppen dar, bei denen das Partizip bzw. Adjektiv im Sinne eines Prädikats an eine Nominal- oder Präpositionalgruppe gebunden ist, z. B. *das Haupt erhoben, vom Lärm genervt, vor Aufregung zitternd, auf einem*

Auge blind, den meisten Menschen bekömmlich, des Wartens müde. Solche Gruppen können ebenfalls integriert oder mit Komma als Einschub verwendet werden: *Sie wartet(,) vor Aufredung zitternd(,) auf das Ende der Geschichte. Karl schreibt(,) des Wartens müde(,) eine Email an Godot.* Bei Herausstellung werden sie durch Komma abgetrennt: *Sie wartet auf das Ende der Geschichte, vor Aufregung zitternd.*

(5) Nichtintegrierte Ausdrücke in der Funktion von Ausrufen (Interjektionen), Stellungnahmen und Aufforderungen wie *oh, ach, he, ja, okay, nein, kaum, bitte*: *Ach, wer hätte das gedacht; Dann machen wir es so, okay; Nein, das hat sie nicht gesagt; Gehen Sie, bitte, nicht in die erste Reihe.* Viele solcher Ausdrücke sind auch integriert verwendbar. Sie werden dann nicht mit Komma abgetrennt: *Da ist ja Paul zu sehen; Gehen Sie bitte nicht in die erste Reihe.*

3.5.5 Nebensätze, Infinitiv- und Partizipialgruppen

Nebensätze

R66 Nebensätze werden durch Komma abgetrennt.

(1) Hauptmerkmal der weitaus meisten Nebensätze ist ein charakteristisches Einleitewort (unterordnende Konjunktion, Frageadverb oder Relativum) und das finite Verb am Ende, z. B.: *Sie vermutet, dass er schon verreist ist* (Konjunktionalsatz); *Sie weiß, wohin er fahren wird* (indirekter Fragesatz); *Sie verfolgt den Weg, den er nimmt, bis zum Ziel der Reise* (Relativsatz).
Daneben hat das Deutsche sog. uneingeleitete Nebensätze, deren Finitum in zweiter Satzgliedposition stehen kann: *Sie glaubt, er sei zu schnell gefahren.* In anderen steht es an erster Stelle: *Kommt Karl nicht pünktlich, gehe ich.* Auch sie werden durch Komma abgetrennt.

(2) Dem charakteristischen Einleitewort kann ein weiteres Wort oder eine Wortgruppe so vorausgehen, dass beide gemeinsam den Nebensatz einleiten, z. B. *besonders weil, nur weil, immer genau wenn, besonders wenn, aber nachdem, vorausgesetzt dass, angenommen dass, egal ob.* Das Komma steht dann vor dieser Wortgruppe: *Paul ärgert sich, besonders weil Renate heute zu Besuch ist; Inge holt ihn ab, vorausgesetzt dass es nicht regnet.*
Bilden solche Wörter nicht gemeinsam die Einleitung des Nebensatzes, dann steht das Komma wie sonst vor dem charakteristischen Einleitewort: *Paul ärgert sich besonders, weil Renate heute zu Besuch ist; Inge holt ihn ab, vorausgesetzt, dass es nicht regnet.*

Infinitiv- und Partizipialgruppen

Infinitivgruppen werden nach festen Regeln durch Komma abgetrennt. In den Fällen, die durch diese Regeln nicht erfasst werden, ist das Komma fakultativ. Bei Partizipialgruppen ist das Komma fakultativ. **R67**

Unter einer Infinitivgruppe ist ein Ausdruck zu verstehen, die aus einem Infinitiv mit *zu* und seinen Ergänzungen oder adverbialen Bestimmungen besteht wie *ein Buch zu lesen, um ein Buch zu lesen, um zu lesen.* Infinitivgruppen fehlt zum vollständigen Satz nur das Subjekt und das Finitum statt des Infinitivs. Ähnlich bei Partizipialgruppen wie in *Vom Telefon genervt, zieht sie den Stecker raus.* Der Infinitiv mit *zu* allein *(zu lesen, zu gewinnen)* gehört nicht zu den Infinitivgruppen, ein einzelnes Partizip bildet keine Partizipialgruppe. Es gilt:

(1) Infinitivgruppen werden durch Komma abgetrennt, wenn sie mit *als, anstatt, außer, ohne, um, statt* eingeleitet sind: *Sie wollte nichts anderes tun, als endlich nach Hause zu gehen; Er packte alles ein, ohne dabei viel zu überlegen.*

(2) Infinitivgruppen werden durch Komma abgetrennt, wenn sie als Attribute an ein Substantiv oder an ein anderes Bezugswort wie Pronominaladverbien oder Korrelate gebunden sind.
Substantiv: *die Hoffnung, pünktlich anzukommen; ein Versuch, alles wieder in Ordnung zu bringen.*
Pronominaladverbien: Das sind Wörter, die zusammengesetzt sind aus *da(r)* oder *hier* und einer Präposition: *daran, davor, damit, hierfür, hierauf.* Insbesondere die Bildungen mit *da* treten als Bezugswörter für Infinitivgruppen auf: *Sie denkt daran, eine Softwarefirma zu gründen; Er fürchtet sich davor, eine Seite zu überspringen; Sie rechnet damit, bald eine Wohnung zu finden.* Ähnlich einer Herausstellung nach links: *Bald eine Wohnung zu finden, damit rechnet sie.*
Korrelate binden Nebensätze und Infinitivgruppen: *Sie liebt es, wenn sie pünktlich ankommt* vs. *Sie liebt es, pünktlich anzukommen; Pünktlich anzukommen, das gefällt ihr.* Das letzte Beispiel ist wieder einer Herausstellung ähnlich.

(3) Alle Infinitive mit *zu* sowie alle Vorkommen von Infinitivgruppen, die nicht in (1), oder (2) genannt und die nicht Einschübe oder Anfügungen im Sinne von R65 sind, können durch Komma abgetrennt werden, z. B. *Pünktlich anzukommen(,) ist ein Akt der Höflichkeit; Sie beschließt(,) das Buch an einem Tag durchzulesen; Er fängt endlich an(,) selbst zu denken.*

(4) Bei den Verben *scheinen, drohen, pflegen* und *versprechen* wird man dann kein Komma setzen, wenn sie ähnlich wie Modalverben verwendet werden.

Also kein Komma in Sätzen wie *Sie scheint das Match zu gewinnen; Die Ölpreise drohen weiter zu steigen; Das Wetter verspricht gut zu werden.* Ein Komma würde den Satzzusammenhang stören und könnte zu Missverständnissen führen, z. B. in Sätzen wie *Inge verspricht(,) eine gute Juristin zu werden.*
Der sog. modale Infinitiv in Sätzen wie *Er ist mal wieder nicht zu bremsen* oder *Dieses Buch ist besonders leicht zu lesen* wird nicht durch Komma abgetrennt.

3.6 Silbentrennung

Silbentrennungsregeln haben die Besonderheit, dass man sie anwenden kann, kaum aber einmal anwenden muss. In handgeschriebenen Texten lässt sich die Silbentrennung meist ohne Auffälligkeit vermeiden, in der Textverarbeitung kann sie automatisch erfolgen oder man schreibt im Flattersatz. Jeder Schreiber und jeder Leser kennt aber die Erfahrung, dass auch die neuesten Trennprogramme Fehler machen. Schon deshalb ist es instruktiv, sich die Regeln der Silbentrennung vor Augen zu führen.

Grundregel der Silbentrennung

R68 Mehrsilbige geschriebene Wortformen trennt man am Zeilenende so, wie sie sich beim langsamen Vorlesen in Silben zerlegen lassen. Zur Trennung wird der kurze Strich in der Mitte des Mittelbandes verwendet (Divis als Trennstrich).

Bau-er, steu-ern, na-iv, Mu-se-um, eu-ro-pä-i-sches, na-ti-o-nal, dre-hen, neh-men, Haus-tür, Be-fund, ehr-lich, Eh-rung

Die Abtrennung einzelner Vokalbuchstaben am Anfang oder am Ende einer Wortform ist nicht zugelassen. Formen wie *Atem, oben, Ecke, Kleie, Treue, Leo, laue* sind nicht trennbar, d. h. wir haben nicht **A-tem, *o-ben, *E-cke, *Klei-e *Treu-e, *Le-o, *lau-e.*

Weil die Grundregel auf das Sprechen und damit auf die Lautung Bezug nimmt, werden die Buchstabenverbindungen *ch, ck, sch, th, ph, sh, gh* und *rh* nicht getrennt, wenn sie *einem* Konsonanten entsprechen. Man trennt *Kü-che, Ba-cke Wä-sche, My-the, Gra-phik, Gei-sha, Jo-ghurt, Mür-rhe.* Andererseits bezieht sich die Grundregel nicht auf das Sprechen allgemein, sondern auf die Aussprache beim langsamen Vorlesen. Damit wird auch eine Verbindung zum Geschriebenen hergestellt.

Die Grundregel der Silbentrennung stützt sich auf das Sprachgefühl des Schreibers. Weil sie in einigen Fällen nicht zu einem eindeutigen Ergebnis führt, sind in den folgenden Ziffern weitere Einzelheiten geregelt. Sie dienen der Verdeutlichung der Grundregel.

Morphologische Trennungsregel

Bestandteile von Zusammensetzungen, Präfixe sowie Suffixe, die mit genau einem Konsonanten beginnen, können getrennt werden. R69

An den in R68 genannten morphologischen Grenzen liegen immer auch Silbengrenzen. Die folgenden Beispiele zeigen die Trennung von Zusammensetzungen (einschließlich Wörtern mit Verbpartikeln) (a), von Präfixen (b) und von Suffixen (c). Dabei werden nur die Trennmöglichkeiten gezeigt, die sich aus R68 ergeben.

(a) *Regel-formulierung, Sraßen-bauamt, Straßenbau-amt, Demo-skopie, Päd-agoge, weg-laufen, auf-passen, anwendungs-bezogen*
(b) *ent-gehen, be-gleiten, Er-trag, Ver-rat, un-wichtig, syn-chron, Pro-gramm, In-stitut, Kon-trakt, Kol-lege*
(c) *wirk-lich, Wag-nis, Frech-heit, Fremd-ling, Sport-ler, Freund-schaft, Freund-chen, Herois-mus*

Bei mehrsilbigen Wörtern, die nicht nach R68 getrennt werden können, fällt die Silbengrenze nicht mit einer morphologischen Grenze zusammen. Es gilt die silbische Trennungsregel.

Silbische Trennungsregel

Zwischen aufeinander folgenden Vokalbuchstaben, die zu verschiedenen Silben gehören, kann getrennt werden. In allen anderen Fällen wird vor dem letzten Konsonantbuchstaben zwischen den Silben getrennt. R70

Die folgenden Beispiele zeigen, wie getrennt wird, wenn zwischen den Vokalen verschiedener Silben kein Konsonantbuchstabe steht (a), wenn zwischen ihnen genau ein Konsonantbuchstabe steht (b) und wenn es mehrere Konsonantbuchstaben sind (c).

(a) *blau-es, Schlei-er, Stau-ung, trau-ern, Schrei-erei, Spi-on, Po-et, kongru-iert, Dada-ist, Lobby-ismus*
(b) *Au-ge, Bre-zel, He-xe, bei-ßen, Rei-he, Hei-zung, Lö-win, kri-tisch, Trai-ning, mo-bil, Mo-bi-li-tät, Pä-da-go-ge, vi-tal*
(c) *El-tern, Gar-be, Wün-sche, wit-zig, fal-len, Pap-pe, sin-gen, erns-tes, wenigs-tes, Karp-fen, stamp-fen, Imp-fung, Gers-te, schwüls-tig*

Besondere silbische Trennung bei Fremdwörtern

R71 Ist in einem Fremdwort der letzte von mehreren Konsonantbuchstaben ein *r, l,* oder *n*, dann ist der vorausgehende Konsonantbuchstabe mit abtrennbar.

(a) *Fe-bruar/Feb-ruar, no-bles/nob-les, Zy-klus/Zyk-lus, Recy-cling/Recyc-ling, Pu-blikum/Pub-likum, py-knisch/pyk-nisch*
(b) *Hy-drant/Hyd-rant, mons-trös/monst-rös, Ni-trat/Nit-rat, Mem-bran/Memb-ran, Em-blem/Emb-lem*

Man sieht, dass die Regel besonders dann angewendet werden sollte, wenn die nachfolgende Silbe betont ist wie in (b). Trennungen wie *Hyd-rant* oder *monst-rös* sind zwar zugelassen, entsprechen aber nicht dem Sprachgefühl für eine ‚gute' Trennung. R71 gilt ausdrücklich für Fremdwörter. Trennungen von Wörtern des Kernwortschatzes wie **nie-drig, *knus-prig, *ne-blig, *Ga-blung, *Ge-gner* sind nicht zugelassen.

Bei zahlreichen Fremdwörtern, und ganz besonders bei Latinismen und Gräzismen, lassen sich die morphologischen Bestandteile nur erkennen, wenn man über Kenntnis des Lateinischen bzw. des Griechischen verfügt. Ähnliches gilt für einige heimische Wörter, deren Struktur ohne Kenntnis der Geschichte des Deutschen nicht durchsichtig ist. In solchen Fällen gilt die

Toleranzregel zur Silbentrennung

R72 Erkennt oder weiß ein Schreiber nicht, welche morphologischen Bestandteile im Sinne von R68 eine Wortform enthält, so kann er nach der silbischen Trennungsregel trennen.

(a) heimisch: *hin-auf/hi-nauf, her-an/he-ran, dar-um/da-rum, Klein-od/Klei-nod*

(b) fremd: *Chrys-an-the-me/Chry-san-the-me*, *Hekt-ar/Hek-tar*, *Päd-a-go-ge/Pä-da-go-ge*

Silbentrennungen unterbrechen den Lesefluss, insofern zusätzlich zum Zeilenwechsel auch noch ein Wort aus den getrennten Bestandteilen wieder zusammengesetzt werden muss. Daran sollte man bei der Silbentrennung denken und etwa sehr komplexe Zusammensetzungen wenn möglich an der Hauptfuge trennen. Auch sollte man zugelassene, aber sinnentstellende Trennungen wie die berühmten *Kast-rat* (statt *Kas-trat*), *Frust-ration* (statt *Frus-tration*), *Anal-phabet* (statt *An-alphabet*) usw. nur für ganz spezielle Zwecke verwenden.

4 Literaturverzeichnis

Adelung, Johann Christoph (1782): Grundgesetz der deutschen Orthographie. In: Garbe, Burckhard (Hg. 1978): Die deutsche Rechtschreibung und ihre Reform 1722–1974. Tübingen: Niemeyer, 38–47 (Original 1782).

Akademie (2003): Zur Reform der deutschen Rechtschreibung. Ein Kompromissvorschlag. 2. Auflage. Göttingen: Wallstein.

Augst, Gerhard/Schaeder, Burkhard (1997): Rechtschreibreform. Eine Antwort an die Kritiker. Stuttgart: Ernst Klett Verlag.

Baudusch, Renate (1984): Punkt, Punkt, Komma, Strich. Regeln und Zweifelsfälle der deutschen Zeichensetzung. Leipzig: VEB Bibliographisches Institut.

Bertelsmann (1996): Die neue deutsche Rechtschreibung. München: Lexikographisches Institut.

Bergmann, Rolf/Nerius, Dieter u.a. (1998): Die Entwicklung der Großschreibung im Deutschen von 1500 bis 1700. Heidelberg: Universitätsverlag Winter.

Bischoff, Bernhard (1979): Paleographie des römischen Altertums und des abendländischen Mittelalters. Berlin: Erich Schmidt.

Bock, Michael/Hagenschneider, Klaus/Schweer, Alfred (1989): Zur Funktion der Groß- und Kleinschreibung beim Lesen deutscher, englischer und niederländischer Texte. In: Eisenberg, Peter/Günther, Hartmut (Hg. 1989): Schriftsystem und Orthographie. Tübingen: Niemeyer, 23–55.

Bredel, Uschi (2011): Die Interpunktion des Deutschen. In: Bredel/Reißig (Hg. 2011), 129–144.

Bredel, Uschi/Reißig, Tilo (Hg. 2011): Weiterführender Orthographieerwerb. Baltmannsweiler: Schneider Verlag Hohengehren.

Brockhaus/Wahrig (2011): Wahrig. Die deutsche Rechtschreibung. Herausgegeben von der Wahrig-Redaktion. Gütersloh/München: wissenmedia.

Buchmann, Franziska (2015): Die Wortzeichen des Deutschen. Heidelberg: Universitätsverlag Winter.

Deutsche Rechtschreibung (1996): Deutsche Rechtschreibung. Regeln und Wörterverzeichnis. Text der amtlichen Regelung. Tübingen: Gunter Narr Verlag.

Drewitz, Ingeborg/Reuter, Ernst (Hg. 1974): vernünftiger schreiben. reform der rechtschreibung. Frankfurt/M.: Fischer Taschenbuchverlag.

Duden, Konrad (1872): Die deutsche Rechtschreibung. Abhandlung, Regeln und Wörterverzeichnis. Leipzig: B.G.Teubner.

Duden (1880): Vollständiges Orthographisches Wörterbuch der deutschen Sprache. Leipzig: Bibliographisches Institut.

Duden (1905): Orthographisches Wörterbuch der deutschen Sprache. 8. Aufl. Leipzig/Wien: Bibliographisches Institut.

Duden (1915): Duden. Rechtschreibung der deutschen Sprache und der Fremdwörter. 9. Aufl. Leipzig/Wien: Bibliographisches Institut; 15. Aufl. Mannheim 1961: Bibliographisches Institut; 17. Aufl. Mannheim/Wien/Zürich 1973: Bibliographisches Institut; 18. Aufl. Mannheim/Wien/Zürich 1985: Bibliographisches Institut & F.A. Brockhaus.

Duden (1977): Wörterbuch und Leitfaden der deutschen Rechtschreibung. Leipzig: VEB Bibliographisches Institut. 18. Aufl.

Duden (1996): Duden. Rechtschreibung der deutschen Sprache. 21. Aufl. Mannheim/Leipzig/Wien/Zürich: Dudenverlag; 25. Aufl. Mannheim/Wien/Zürich 2009: Dudenverlag; 26. Aufl. Berlin/Mannheim/Zürich 2013: Dudenverlag.

DOI 10.1515/9783110525229-004

Duden (2013a): Das Herkunftswörterbuch. Etymologie der deutschen Sprache. 5. Aufl. Berlin/ Mannheim/Zürich: Dudenverlag.
Duden (2015): Duden. Das Aussprachewörterbuch 7. Aufl. Berlin: Dudenverlag.
Duden (2016): Die Grammatik. Unentbehrlich für richtiges Deutsch. 9. Aufl. Berlin: Dudenverlag.
Eisenberg, Peter (1979: Grammatik oder Rhetorik? Über die Motiviertheit unserer Zeichensetzung. Zeitschrift für germanistische Linguistik 7, 323–337.
Eisenberg, Peter (2012): Das Fremdwort im Deutschen. 2. Aufl. Berlin/New York: de Gruyter.
Fuhrhop, Nanna (2007): Zwischen Wort und Syntagma. Zur grammatischen Fundierung der Getrennt- und Zusammenschreibung. Tübingen: Niemeyer.
Gfoerer, Stefan/Bock, Michael/Günther, Hartmut (1989): Noun capitalization in German. In: Forschungsberichte des Instituts für Phonetik und Sprachliche Kommunikation der Universität München. München: Universität. 27, 239–255.
Grebe, Paul (1955): Zur Reform der Zeichensetzung. Der Deutschunterricht 7, H. 3, 103–107.
Haas, Walter (1998): Über die Entstehung von Sprachnormen im Gespräch. In: Ernst, Peter/ Patocka, Franz (Hg. 1998): Sprache in Raum und Zeit. Wien: Edition Praesens, 285–296.
Horbach, Andrea u. a. (2016): A Corpus of Literal and Idiomatic Uses of German Infinitive-Verb Compounds. Univ. des Saarlandes, Inst. für Allgemeine Linguistic. Vortragsmanuskript Language Research and Evaluation Conference, 23.-28. Mai 2016 in Portorož (Slowenien).
Hotzenköcherle, Rudolf (1955): Großschreibung oder Kleischreibung? Bausteine zu einem selbständigen Urteil. Der Deutschunterricht 7, H. 3, 30–49.
Ickler, Theodor (2004): Normale deutsche Rechtschreibung. *Sinnvoll* schreiben, trennen, Zeichen setzen. 4. Aufl. St. Goar: Leibniz Verlag.
Jacobs, Joachim (2005): Spatien: Zum System der Getrennt- und Zusammenschreibung im Deutschen. Berlin: de Gruyter.
Klopstock, Friedrich Gottlieb (1778): Ueber die deůtsche Rechtschreibung. In: Garbe, Burckhard (Hg. 1978): Die deutsche Rechtschreibung und ihre Reform 1722–1974. Tübingen: Niemeyer, 26–38 (Original 1778).
Lüdtke, Helmut (1969): Die Alphabetschrift und das Problem der Lautsegmentierung. Phonetica 20, 147–176.
Mater, Erich (1965): Rückläufiges Wörterbuch der deutschen Gegenwartssprache. Leipzig: VEB Bibliographisches Institut.
Nübling, Damaris (2000): Prinzipien der Irregularisierung. Eine kontrastive Analyse von zehn Verben in zehn germanischen Sprachen. Tübingen: Niemeyer.
Polenz, Peter von (1999): Deutsche Sprachgeschichte vom Spätmittelalter bis zur Gegenwart. Band III. 19. und 20. Jahrhundert. Berlin/New York: Walter de Gruyter.
Primus, Beatrice (1993): Sprachnorm und Sprachregularität: Das Komma im Deutschen. Deutsche Sprache 21, 244–263.
Primus, Beatrice (2003): Zum Silbenbegriff in der Schrift-, Laut- und Gebärdensprache. Zeitschrift für Sprachwissenschaft 23, 3–55.
Pschyrembel (2007): Klinisches Wörterbuch. 261. Aufl. Berlin/New York: de Gruyter.
Rat (Hg. 2006): Deutsche Rechtschreibung. Regeln und Wörterverzeichnis. Amtliche Regelung. Herausgegeben vom Rat für deutsche Rechtschreibung. Tübingen: Gunter Narr Verlag.
Sauer, Wolfgang Werner (1988): Der „Duden“: Geschichte und Aktualität eines „Volkswörterbuchs“. Stuttgart: J. B. Metzler.
Siebs, Theodor (Hg. 1898): Deutsche Bühnensprache. Berlin/Köln/Leipzig: A. Ahn.
Strunk, Heidemarie (2016): Einheitliche und einfache deutsche Orthografie. Die Geschichte einer (über)nationalen Idee. Hildesheim/New York/Zürich: Olms.

Wahrig (2004): Fremdwörterlexikon. 5. Aufl. München/Gütersloh: wissenmedia.
Wahrig (2011): Wahrig Deutsches Wörterbuch. 9. Aufl. München/Gütersloh: wissenmedia.

Sachregister